몸과 마음의 면역력을 높이는
명상 수업

몸과 마음의 면역력을 높이는

명상 수업

초판 1쇄 인쇄일 2020년 4월 20일
초판 1쇄 발행일 2020년 4월 27일

지은이 이수
펴낸이 양옥매
디자인 성다윤 임흥순
교 정 백상웅 조준경 임수연

펴낸곳 도서출판 책과나무
출판등록 제2012-000376
주소 서울특별시 마포구 방울내로 79 이노빌딩 302호
대표전화 02.372.1537 **팩스** 02.372.1538
이메일 booknamu2007@naver.com
홈페이지 www.booknamu.com
ISBN 979-11-5776-878-3 (03190)

이 도서의 국립중앙도서관 출판시도서목록(CIP)은 서지정보유통지원 시스템 홈페이지(http://seoji.nl.go.kr)와 국가자료공동목록시스템 (http://www.nl.go.kr/kolisnet)에서 이용하실 수 있습니다.
(CIP제어번호 : CIP2020016083)

명상수업

몸과 마음의 면역력을 높이는

이수 지음

책과나무

작가의 말

뼛속까지 고통스러운 20대·30대를 지났을 때, 내 인생은 점점 초라하고 비참해지는 느낌이었습니다. 사랑하고 결혼하고 아이를 낳아도 행복하지 않다니…… 어른이 될수록 행복하지 않다는 게 이해되지 않았지요.

어른이 되면 많은 문제가 잘 해결되고 지혜로울 줄 알았는데 그게 아니었습니다. 오히려 갈등은 많아지고 인간관계도 쉽지 않다는 걸 알았습니다. 절박한 마음으로 글쓰기를 하며 신춘문에 등단도 했으나 삶은 여전히 미궁 속이었습니다. 대체 왜 살아야 하는지 알 수가 없었고, 그래서 죽음 외에는 찬미할 아무것도 없다는 생각이 절정에 다다랐을 때 우연히 마음공부를 하게 되었습니다.

20년쯤 전에 입문했을 때는 그저 명상이다 마음공부다

해서 비슷비슷한 줄 알았는데 그게 아니었습니다. 얼떨결에 시작한 마음의 공부가 매우 뛰어나다는 것을 알게 된 건 명상을 통해서였습니다.

내 몸에 맞는 음식이나 옷이 있는 것처럼 마음공부도 나에게 맞는 방식이 있고, 바람직하지 않으면 결과가 좋지 않습니다. 다행히 저는 바람직한 명상을 만나 절망과 우울에서 벗어날 수 있었고, 지금까지 마음공부를 하며 마음의 세계와 무형의 움직임에 관해 연구해 왔습니다.

미국 국립보건통계센터가 발표한 자료에 따르면 2002년부터 2012년까지 미국 성인 인구의 8퍼센트인 1천 8백만 명이 명상을 경험했다고 합니다. 2017년에는 18퍼센트인 약 6천만 명이 명상을 실천하며 건강을 관리했습니다. 서양에서는 이미 오래전부터 명상을 과학적으로 분석해, 명상이 인체에 어떤 효과를 주는지 여러 연구 결과를 냈습니다.

명상은 자율신경을 조절해 부교감신경을 활성화합니다. 스트레스 등으로 우리 몸이 긴장을 하게 되면, 혈압이 올라가고 심장박동이 빨라져 소화가 잘 안 되게 됩니다. 외부 자극에 몸이 스스로 방어하기 위해 교감신경을 활성화하기 때문에 생기는 반응이죠. 명상은 교감신경을 억제하고 부교감신경을 활성화해 경직된 몸과 마음을 이완 상태로 바꾸며 스트레스나 불안, 걱정 등을 떨쳐 내게 돕습니다.

명상은 면역력을 강화합니다. 외부의 스트레스 같은 자극에 맞서 우리 몸은 최대 에너지를 내기 위해 콩팥의 부신피질에서 코르티솔을 분비하는데, 코르티솔은 혈압과 포도당 수치를 높이는 역할을 하는 호르몬입니다. 코르티솔 수치가 높아지면 학습 및 기억력, 체중 증가, 고혈압, 심장 질환, 우울증, 정신 질환에도 영향을 끼치고 당연히 면역력이 저하됩니다. 명상은 외부 자극을 통제해 코르티솔 수치를 관리하고 면역력을 높이는 데 도움을 줍니다.

이뿐만이 아닙니다. 명상을 하면 뇌의 크기가 달라집니다. 미국 캘리포니아주립대 에일린 루더스 박사 팀이 명상을 꾸준히 실천한 22명과 그렇지 않은 22명의 뇌를 관찰했습니다. 그 결과 명상을 실천한 사람들의 대뇌, 기억을 담당하는 해마, 감정을 조절하는 안와전두피질 등의 크기가 보통 사람보다 더 컸습니다.

명상은 뇌를 변화시켜 긍정적인 감정을 가지게 하고 뛰어난 집중력을 발휘하게 합니다. 많은 세계적인 석학과 CEO와 예술가 등이 명상을 실천하고 있는 것은 우연이 아닙니다.

내가 명상을 연구하며 '의식세계' 메커니즘을 정립하게 된 것은, 마음의 바탕이 결국 의식이기 때문입니다. 마음을 다스리려면 의식세계 안에 무엇이 있는지 파악해야 합니다. 그리고 그것을 정리 정돈할 때 마음과 신체에 변화가 일어납니다. 그렇지 않고는 아무리 명상한다고 해 봐야 수박 겉핥기가 되고 맙니다.

요즘에 여러 채널을 통해 명상을 배우는 사람들이 늘어나고 있습니다. 명상을 잘못 접근해서 상기증이나 자율신경실조증 등 뜻밖의 부작용을 겪는 사례도 있습니다. 의식세계의 메커니즘을 알고 접근해야 부작용을 피할 수 있습니다.

그동안 정신과 병원에서 10년의 세월 동안, 1만 회기 가까이 상담을 진행했습니다. 병원에서 명상과 상담 프로그램을 진행하면서 성공적이며(Success) 혁신적인(Innovation) 마음경영(Management), 즉 'SIM마음경영'이 얼마나 중요한지 깨닫게 되었습니다. 상담을 진행하며 마음의 문제나 정신적 어려움으로 고통받는 사람들을 많이 만났고 그들을 도왔습니다. 이 과정은 우리가 연구하고 찾아낸 의식과 무의식 메커니즘이 바람직하다는 것을 검증하는 계기가 되었습니다.

정교한 의식세계 지도(map)를 만들기까지 심혈을 기울인 시간은 험난했습니다. 이 여정의 선봉에 서 있는 진각 선생님의 끊임없는 추구와 노력에 감사할 뿐입니다. 또한 정신과 전문의 홍보영 원장님과 그 외 여러 의사 선생님의 조언이 없었다면 결코 좋은 결과가 나오지 않았을 것입니다.

이 책을 쓰게 된 동기는 단순합니다. 그저 많은 분이 마음의 감옥에서 벗어나 자유롭고 신명 나게 살아갔으면 하는 바람이 그것이지요. 한국보건사회연구원이 발표한 통계에 따르면 한국 성인 10명 중 9명은 평소 스트레스를 느끼고 있다고 합니다. 그중 38퍼센트 정도가 스트레스를 많이 느끼는 편입니다. 거의 느끼지 않는다고 대답한 성인은 5.9퍼센트에 불과합니다.

심리적 어려움이 아니더라도 삶에 대한 갈증이나 존재성에 대한 의혹은, 인간 자체가 갖는 본연의 화두가 아닐 수 없겠지요. 그것은 신분에 상관없이, 사회적 지위나 명성을 떠나 모든 이에게 해당하는 것이기도 합니다. 속된 말로 아무리 잘 먹고 잘 살아도 마음이 허하다면 온전한 삶이라 할 수 없습니다.

이 책의 내용은 가능하면 천천히 읽으며 음미하라고 권

하고 싶습니다. 독자에게 삶의 진실을 느끼게 하고 싶고, 그중 하나라도 자기 것으로 만들어서 행복한 일상이 되도록 하고 싶습니다. 세상이 좀 더 아름다워지기를 기원하며, 이 심란한 시국에 우리네 마음이라도 강건해지면 좋겠다는 생각을 해 봅니다.

아직 나는 인생의 여정 위에 있습니다. 앞으로 또 어떤 예기치 못한 일들이 닥칠지 모릅니다. 때로 절박한 상황도 벌어질 테고요. 그럼에도 삶은 조금씩 아름다워지고 있습니다. 분명히!

2020년 4월
이수

목차

2 명상은 어떻게 삶을 건강하게 하는가

5 인생 흑자를 위한 마음경영

1부

내 마음인데, 왜 마음대로 되지 않을까

행복은 그다지 친절하지 않다

눈부신 봄날, 4월의 거리를 거니는 사람들을 보면 행복을 나누고 싶습니다. 어린아이를 유모차에 태우고 걷는 젊은 엄마의 모습을 보며, 창문이 활짝 열린 카페에서 커피 마시는 사람들을 보며, 왠지 모르게 마냥 따스한 미소를 보내고 싶습니다.

사람들은 한결같이 말합니다.
"행복하게 살고 싶다"고.
행복의 조건은 저마다 다르지만
행복에 대한 갈망의 정도는 같습니다.

흔히 행복이라는 단어를 생각하면 사랑, 돈, 건강, 명예 등이 떠오르는데요. 그만큼 행복하기 위해서 여러 가지 요건이 충족돼야 한다는 것이지요. 그러나 현실에서는 그런 것들을 충분히 채우기가 힘듭니다. 현실은 복잡한 인간관계와 일, 학업으로 늘 긴장돼 있으니까요.

그래서 어쩌다 행복이 찾아오면 그 순간을 붙잡아 두려고 안간힘을 쓰게 됩니다. 사랑하는 사람과 함께 있는 시간이나 친구들과의 술자리에서 느끼는 기쁨을, 백화점에서 구두를 샀을 때의 기분을, 여수 밤바다를 거닐며 느끼는 낭만을…… 잡아 두고 싶은 것이지요.

그런데 행복이 머무는 시간은 잠깐입니다. 아무리 행복한 시간 속에 오래 머물고 싶어도 행복은 잠깐 등장했다가 사라져 버립니다. 그러고는 골치 아픈 일들이 줄지어 기다리는 일상과 마주치게 되지요.

행복은 가끔씩 찾아옵니다.
어쩌다 가끔씩.

행복은 지루한 장마철에 잠깐 비추는 햇살 같습니다.

가령 며칠째 비가 내리고 집 안이 눅눅해서 빨래도 잘 마르지 않아 영 찜찜한데, 어느 이른 아침 청량한 바람이 불어오고 마당의 나무들 사이로 햇살이 스며들 때…… 아, 회색 구름이 걷히면서 푸른 하늘이 언뜻 보일 때. 행복은 그렇게 긴 장마 끝에 푸른 하늘이 언뜻 보이는 것처럼 가끔 찾아옵니다.

이렇게 행복은 띄엄띄엄 찾아오는 건데 우리는 늘 행복을 원합니다. 날마다 매 순간, 행복한 상태 속에 머물고만 싶습니다.

행복이란 가령 이런 것이죠. 우리가 생각하는 행복이란…….

사랑하는 사람은 늘 곁에 있으면 좋겠고, 아프지 않고 늘 건강하기 바라며 돈에 쪼들리지 않고 여유가 있으면 좋겠고, 가족이나 주변 사람들과 사이좋게 지내고 싶고 직장이나 학교에서는 힘들지 않길 바라지요.

그런데 사랑하는 사람은 언제라도 떠날 수 있고 걸핏하면 가족끼리 다투며 돈은 늘 부족하기 마련입니다. 직장이나 학교에서는 언제나 예상치 못한 일들이 벌어져서 스트레스를 받고 수시로 감기나 변비 때문에 고생하지요.

우리가 그토록 바라는 행복은 그다지 친절하지 않습니다. 그것은 무지개처럼, 사막의 오아시스처럼 아스라이 잡히지 않아요. 그래서 다시 생각해 봅니다.

사랑하는 사람이 떠나도 행복할 수는 없을까,
돈이 부족해도 불행하다고 생각하지 않을 수 없나,
살면서 겪는 온갖 일, 그 속에 행복은 없을까,
병이 생겨 고통스러워도 마음이라도 행복할 수는 없을까.

우리는 모든 것을 갖춰야 비로소 행복하다 여기는데, 인생에서 완벽한 상태란 불가능한 것 아닌가요? 그런데도 우린 언제나 모든 것이 잘 돌아가길 원합니다. 아무런 일도 생기지 않길 바라면서 말이지요.

행복의 조건은 개개인마다 다를 것입니다. 어떤 사람은 백억 원쯤 있어야 행복하다 하고, 어떤 사람은 돈보다 사랑을 우선으로 꼽기도 합니다. 사실 행복은 외부 조건으로 결정되는 것이 아니라 마음먹기에 달렸죠. 행복은 마음에서 느끼게 되며, 행복하지 않다고 여기는 것 또한 마음에서 기인하니까요. 그러니까 사랑과 건강 그리고 부는 결국 마음과 연결된 것입니다. 마음의 세계에 따라 행복의 외형도 달라집니다.

돈이 없어 괴로울 때 오히려 밝은 표정이 필요하다

가끔 그런 생각이 들지 않습니까?

'내 마음 나도 모르겠어'라고요. 내 마음이 이랬다저랬다 하니 도통 알 수가 없지요. 물론 화가 나거나 짜증이 나거나 질투심이 올라올 때 그럴 만한 이유야 있습니다.

한데 지나고 나면 굳이 그래야 했나 싶을 때가 있기 마련이지요. 들쭉날쭉한 마음을 모르는 것이 당연해 보이면서도 실은 마음이 뭔가 알려 주고 있다고 느껴집니다.

눈에 보이지도 만질 수도 없는 마음이 뭔가 속삭이고 있다는 걸 알아요. 그래서 사람들은 즐겨 말합니다.

"마음이 원하는 길로 가라."

"마음의 소리를 들어라."

"모든 건 마음에 달려 있다."

그런데 내 마음이 무엇을 원하는지, 진짜 내 마음이 무엇인지 알기가 쉽지 않습니다. 알아야 그 길을 찾고 소리를 들을 수 있을 텐데요. 어떤 날은 사는 것이 즐겁고 괜찮다가, 또 어느 순간에 슬프거나 우울해지니, 내 마음에 대체 뭐가 있는지 어떤 상태인지 알 수가 없습니다.

어째서 그날이 그날 같은데 늘 다른 빛깔의
마음이 느껴지는 걸까요.

물론 매일매일이 똑같지는 않습니다. 비가 내리는 날이 있는가 하면, 햇볕이 따가운 날이 있고요. 누군가의 사랑을 듬뿍 받는 날이 있다가, 심하게 다투는 날도 있으니까요. 정말이지 모든 게 엉망진창이 되는 날이 있습니다. 지구가 끝나는 것처럼 무너질 때가 있어요.

사랑이 식어 버릴 때
누군가 내 곁을 떠나갈 때
익숙한 공간에서 낯선 집으로 이사 갈 때…….

아무리 애써도 나도 모르게 마음이 무너질 때가 있습니

다. 내 마음을 어쩌지 못할 때가 있어요. 그냥 어디론가 숨고 싶고, 사는 게 의미 없을 때가 있습니다.

내 마음이 무얼 원하는지, 어떻게 해 달라는 것인지 알 수가 없습니다. 그래서 결국 '내 마음 나도 몰라'가 돼 버립니다.

내 마음을 나도 모른 채 살아가다 보니 점점 마음이 무겁고 어두워집니다.

한번 생각해 보세요. 평소의 마음이 어떠한지.

마음이 밝고 가뿐한가요?

아니면 마음이 무겁고 어두운가요?

"아니, 넌 잘 모르겠이요."

"글쎄요. 그냥 아무 느낌도 없어요. 그저 그래요."

이렇게 답할 수밖에 없다면, 마음을 잘 모르고 살고 있는 것입니다.

평소 마음이 밝고 가뿐하다면 행복하다는 뜻이겠지요. 마음은 분명 행복할 때 그 빛깔을 드러내거든요. 봄날 아지랑이처럼 살랑거리는, 혹은 갓난아기의 미소 같은 느낌을 전해 줍니다.

한데 마음이 그저 그렇다면?

그저 타성* 대로 살아갈 뿐이라면?

과연 행복할까요.

돈을 많이 벌지 못하는 이유

"행복이고 뭐고 다 필요 없어…… 그저 돈이나 많으면 돼."

이렇게 주장하는 사람도 있습니다. 날마다 스트레스받으며 살아가는데, 모든 불행이 결국 돈 때문이라고 생각하기에 이런 주장을 합니다. 그리고 돈 때문에 불행한 경우가 많습니다. 살림이 넉넉하지 못한 서민들은 언제나 돈이라는 굴레에서 벗어나지 못하니까요.

일찌감치 금수저니 흙수저니 해서 돈으로 신분이 가려지고 말았습니다. 돈이 부족한 사람은 아예 행복할 수 없다는 전제로 세상이 돌아가는지도 모릅니다. 그만큼 돈과 행복은 깊은 연관을 갖고 있습니다.

하지만 돈이 좀 부족해도 마음이 행복할 수는 없을까요?

* 오래되어 굳어진 좋지 않은 버릇.

그렇게 살아가는 사람들도 꽤 많은데요. 마음이 밝고 긍정적이라면 어떨까요. 아이러니하게도 돈을 잘 벌기 위해서라도 긍정적인 마음이 중요합니다.

돈이 없다고 툴툴거리며 행복하지 않다고 여기면, 그런 마음이 돈을 벌어들일 수 있는 조건을 상실하게 만듭니다. 내가 부족감을 느끼면 느낄수록 부족함이 더 커진다는 말이지요. 그래서 오히려 돈이 멀어지는 현상이 일어납니다.

마음이란 세계는 나의 삶과 행복에
직결돼 있습니다.

우리는 마음을 '알아차리기' 어려워하지요. 내 마음을 나도 모른 채 방치합니다. 그러다 보니 마음의 소리를 듣기보다 감각적인 생각과 감정, 욕망에 의존해서 살아가게 됩니다.

감각적인 생각은 깊은 사유와 달리 즉흥적이고 충동을 일으키기 쉬운데, 마음의 소리와 멀어지다 보니 그럴 수밖에 없습니다. 물론 감각적인 것에 의존해서 살아가더라도 이따금 무언가 잘못되고 있음을 느낄 수 있습니다.

가령 똑같은 음식일지라도 내 마음에 따라 맛있게 느껴지는가 하면 아무 맛도 못 느낄 때가 있으니까요. 아무리 맛있는 음식도 불편한 자리에서 어쩔 수 없이 먹는다면 맛이 별로지 않나요? 갓 결혼한 며느리가 어려운 시댁 어른들과 음식 먹는다고 생각해 보세요. 이럴 땐 먹는 게 고역일 수 있습니다. 어른들이 딱히 뭐라 하는 것도 아닌데 왠지 불편하고 어색하지요.

반면에 내가 좋아하는 친구들과 수다 떨며 먹으면 몇 천 원짜리 국수도 맛있습니다. 마음에서 행복감을 느끼지요. 결국 행복은 바깥 대상에 있지 않고 내 마음에 있다는 의미입니다. 대상도 중요하지만, 더 중요한 것은 내 마음이라는 뜻입니다.

마음이란 세계는 나의 삶과 행복에
직결돼 있습니다. 모든 것이 마음에 달려 있기에.

슬픔과 미움과 질투심이 올라올 때

어떤 날은 마음에서 미움이 올라오고
어떤 날은 슬픔이 올라옵니다.
나도 알 수 없는 어떤 움직임들이 마음에서 일어나고 있습니다.

미움과 질투심이 올라올 때 내 마음은 지옥이 됩니다. 누군가 자꾸 미워지면 그 감정이 나를 흔들지요. 예를 들어 나는 몸매나 얼굴이 그저 그래서 연애도 못 하는데, 친구는 매력적이어서 멋진 남자와 연애하면 어찌나 얄미운지! 친구 사이니까 축하해 주기는 하는데, 속에서는 마냥 밉고 짜증이 납니다. 그러다 보면 초라한 내가 또 싫어지고…….

마음에 어떤 감정이 생길 때, 그 감정은 이리저리 나를 끌고 다니며 지치게 만듭니다. 아무리 다스리고 싶어도 잘

되지 않습니다.

내 마음인데 어째서 '마음대로' 되지 않을까요?

마음은 갈대처럼 쉴 새 없이 흔들립니다. 흔들리는 마음에는 긍정의 모습보다 부정이 더 많이 깔려 있습니다. 사랑보다는 미움이, 행복한 느낌보다는 그렇지 않다는 불만이 더 팽배하지요. 그래서 우리는 마음의 세계를 얘기하며 종종 어려움을 겪습니다. 마음에서 일렁이는 감정이나 욕구를 어떻게 봐야 하는지 헷갈리니까요.

어떤 이들은 마음을 비워라, 버려라, 빼라 하고
어떤 이는 내 안의 현상들을 그대로 인정하라 합니다.
그런데 비우고 버리는 것이 잘 안 되고
그대로 인정하기 역시 쉽지 않습니다.

생각하는 대로 마음을 비우거나 버리고 뺄 수 있다면 이미 세상은 유토피아가 돼 있을 겁니다. 너 나 할 것 없이 비우고 빼서 마음을 능숙하게 다루면 상처 입을 일도 상처 줄 일도 없을 테니까요. 그게 말처럼 쉬운 일이 아닙니다.

일시적으로야 그럴 수 있습니다. 명상을 하며 고요한 상태로 있다 보면 마음이 편해지면서 비워진 느낌이 들기도 하니까요. 몽땅 버리고 빼내어 사라진 것 같지요. 그런데 다시 복잡한 일상으로 돌아오면 어떨까요. 역시나 마음속이 시끄럽고 다스려지지 않습니다.

마음은 단순한 구조로 돼 있지 않습니다. 그렇게 단순하다면 내 마음을 내가 모를 리 없지요. 마음의 세계는 볼 수도 만질 수도 없으며 난해하기가 이루 말할 수 없습니다. 그러다 보니 막연하게 비우고 버리는 생각을 하게 됩니다.

한데 일상에서 일어나는 잡다한 생각들 기분 감정들, 욕구와 욕망을 어떻게 봐야 할까요. 이들이 일어나는 바탕에 무엇이 존재할까요.

이 메커니즘을 배우고 알아야 마음을 다스릴 수 있습니다. 그렇지 않고 막연히 명상해 봐야 일시적으로 편할 뿐 획기적인 개선이 없습니다.

잠시 비운 듯싶다가 도로 채워지고
버려진 듯싶다가 여전히 있음을 느끼고
며칠 내내 뺀다고 노력했는데 가만히 들여다보면

여전히 생각이 떠오르는 것을…….

이제 마음에 대한 새로운 패러다임에 접근해 보세요.

"마음은 비우고 버리고 빼는 것이 아니라
깨우고 계발하고 성숙시키는 것입니다."

생각, 기분, 감정, 욕구는 마음이 아니다

사람들은 막연하게 "내 마음이 그래"라고 표현합니다. 마음의 영역이 어디까지인지 모른 채, 그냥 뭉뚱그려서 마음 운운하지요. 일단 마음에 대한 개념이 모호합니다.

마음이 원하는 대로 혹은 마음이 가는 대로 움직인다고 할 때, 그 마음은 어떤 마음인가요? 예를 들어 고가의 명품 핸드백이 마음에 드는데 주머니 사정이 빈약합니다. 이럴 때 핸드백이 마음에 드니 무조건 사야 할까요? 아니면 이성적으로 다시 판단해야 하나요.

우리는 '마음대로'라는 개념 속에서 많은 걸 헷갈리고 있습니다. 핸드백이 마음에 들어서 사고 싶다고 한다면, 이때 마음은 순수하게 마음이라기보다 특정의 욕구 의식으로 봐야 합니다. 어떤 욕구나 욕망이 일 때 "내 마음이 그래"라고 하면 그다음부터 갈등이 생기면서 헷갈리는 것입니다.

일상에서 수시로 올라오는 생각, 기분, 감정, 욕구, 욕망은 마음과 다른 영역으로 봐야 합니다. 그래서 돈이 없는데 명품 핸드백을 사고 싶은 마음이 든다면, 마음이라기보다 욕구나 욕망으로 구분하는 편이 더 명확하지요. 그래도 굳이 마음이라 하자면 광의廣義* 의 마음으로 볼 수는 있습니다.

친구 사이에 오해가 생겨서 다투고 나면 화가 나고 슬프기도 합니다. 그 친구가 원망스럽고 미워지고…… 그런데 다른 한편에서는 꼭 그래야 하나 싶기도 하지요. 이런 경우에 감정적으로 드러난 것은 특정한 어떤 감정 의식의 영역으로 봐야 합니다.

깊고 근원적인(진정한) 마음은 감정적이거나 욕구 중심의 마음과 다릅니다. 이제부터 광의의 마음과 진정한 마음을 구분해서 접근하고자 합니다. 쉴 새 없이 일어나는 생각·기분·감정·욕구·욕망 등은 광의의 마음으로 보는데, 이들

* 어떤 말의 개념을 정의할 때에, 넓은 의미. 즉 광의의 마음은 넓은 의미의 마음이라 할 수 있다.

을 심층의식(무의식) 영역으로 구분하는 것입니다. 나도 모르게 일어나는 생각들, 기분, 감정들, 욕구, 욕망은 대체로 심층의식(무의식)에서 발생하는 것들이니까요. 그리고 진정한 마음은 다른 영역이 됩니다.

마음을 다스린다는 말, 사실 모호한 표현일 뿐입니다. 이 말은 정확히는 심층의식을 다스리는 것으로 이해해야 합니다. 겉으로 드러난 현상의 발원지가 바로 '의식세계'이기 때문이지요.

우리는 무의식 혹은 심층의식이라고 하는 낯선 세계에 대해 잘 모르고 살아갑니다. 별 관심도 없고요. 그저 심리학에서나 쓰는 용어 정도로 이해할 뿐이지요. 마음을 다루는 여러 분야에서 무의식을 말하고 있으나 극히 일부분에 접근할 뿐입니다. 그만큼 난해한 분야이기도 합니다.

사람들은 마음공부를 한다 하면서 겉으로 드러난 현상, 즉 기분이나 감정 따위에 붙들려서 헤매고 있습니다. 마음을 알고 다스리기 위해서는 심층의식에 접근해야 다스림이 가능해집니다.

나무로 비유하자면 겉의 가지나 잎이 아니라 줄기와 뿌

리까지 보는 것이지요. 나무에 문제가 생겼을 때 겉에 드러난 현상뿐 아니라, 이면의 뿌리까지 볼 수 있어야 바람직하니까요.

그저 무턱대고 눈 감고 앉아서 명상한다 해도, 의식세계가 어떻게 생겼는지 모른다면 장님이 코끼리 만지는 격이 됩니다. 그러다 보니 고작해야 비우고 버리고 빼는 식의 논리를 적용할 따름이지요.

이제 마음에 대한 범주를 새롭게 정리할 필요가 있습니다. 무심결에 마음을 얘기하다 보면 추상적으로 접근하게 돼 막연해지고 맙니다. 그래서 점점 마음과 멀어지고, 내 마음을 잘 모르게 됩니다.

마음의 메커니즘

[광의의 마음과 진정한 마음]

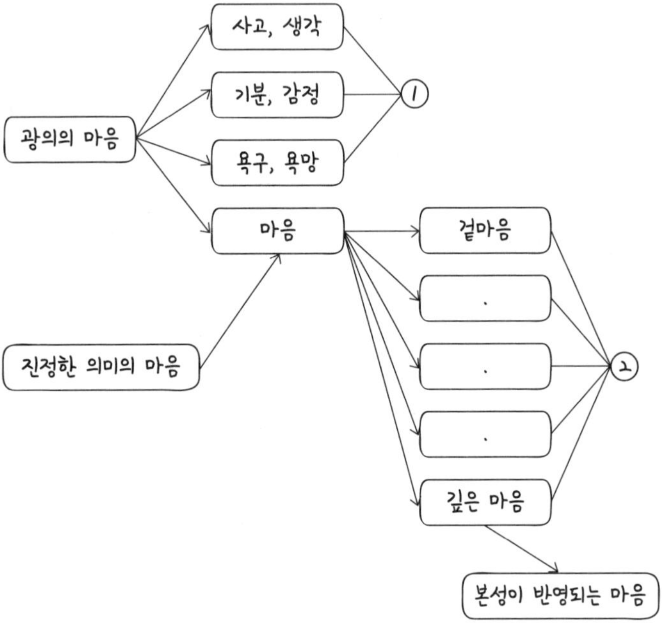

① 우리는 무심코 내 안의 현상들을 모두 '마음'이라고 표현하나 생각, 기분, 감정, 욕망 등은 엄밀히 구분하자면 마음과 다른 영역입니다. 생각은 어떤 대상을 떠올리고 자신의

마음에 반영시키는 행위입니다. 감정은 어떤 사건이나 현상 등에 대한 것을 내 마음에 품는 것입니다. 또 욕망은 무엇인가를 바라는 마음 상태를 말합니다.
이 같은 생각이나 감정, 욕망은 인간의 목적적 행위가 반영된 마음의 상태라 할 수 있습니다. 그리고 이것은 마음의 변화된 상태를 나타내므로 참된 의미의 '마음'이라 할 수는 없습니다. 그와 다른 '깊은 마음'이 우리 내면에 있기 때문입니다.

② 마음은 겉으로 인식되는 '나'와 본성의 대화방이며 대화의 결과입니다. 즉, 겉의 나와 본성 중 어느 쪽의 뜻이 더 반영되는가에 따라 마음의 깊이가 다릅니다. 본성의 뜻이 많이 반영될수록 깊은 마음이 됩니다(마음도 깊이에 따라 천차만별입니다).
생각, 기분, 감정, 욕구, 욕망은 자극적이며 강력해서 이에 끌려다니기 쉽습니다.
마음은 그 맛이 공기나 물 같아서 가만히 귀 기울이며 음미하지 않으면 알 수 없습니다.
생각, 기분, 감정, 욕구, 욕망에 충실할수록 마음에 둔감해집니다.

생각, 기분, 감정, 욕구, 욕망에 충실하다 보면 마음이 닫혀 마음을 모르게 됩니다.

화가 치밀 땐, 어느 한 생각에만 집중하게 됩니다. 그러나 가만히 마음에 귀를 기울이면 마음 깊은 곳에서 다른 무엇을 찾아보라고 합니다. 아무리 절망스러울 때도 가만히 마음에 귀를 기울이면 마음 깊은 곳에선 희망을 품으라고 하지요. 길이 있다고…….

어떤 날은 마음에서 미움이 올라오고 어떤 날은 슬픔이 올라옵니다.
나도 알 수 없는 어떤 움직임들이 마음에서 일어나고 있습니다.

갈등이 생기는 이유

우리는 이제까지 '나'라는 존재를 단순하게 보며 살아왔습니다. 그냥 무심결에 이렇게 생각하고는 했지요.

"내 마음이 슬퍼."

"내 마음이 외로워."

그런데 사실 이 생각은 정확한 표현이 아닙니다.

내게서 일어나는 감정이나 욕망을 '나'라고 표현하나, 그것이 전체의 '나'를 의미하지 않습니다.

'나'는 매우 복잡한 의식의 연합체로
구성돼 있습니다.

의식은 마음을 구성하는 재료라 할 수 있습니다. 특히 심층의식(무의식)은 온갖 의식들이 환경과 경험, 교육 등에 훈

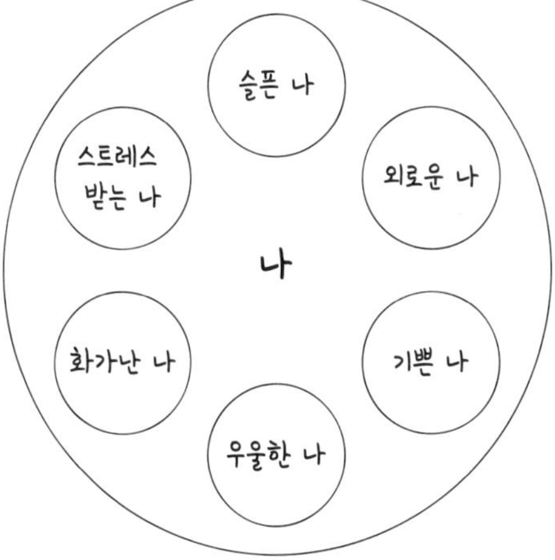

습되고 자극에 반응하며 만들어져 있습니다. 그것들이 각각의 관념을 형성하고 기준을 갖게 됩니다.

예를 들어 '사람은 착해야 한다'는 의식과 '착하면 손해'라는 의식이 있을 수 있겠지요. 누구나 '착함'이라는 단어를 조직해서 몇 가지 의식을 만들 수 있습니다. 착한 것이 좋다는 의식도 있고, 착하면 손해라는 의식도 있습니다.

단어(의미)와 단어(의미)가 만나 조직화되고 의식을 형성하게 되면 그 자체가 하나의 개념이 되고 관념이 됩니다. 그리고 그 관념은 내 기준이 되고 자연스레 기준을 충족하려는 욕구와 이를 주장하는 '자아'가 형성되는데, 수많은 개념과 관념이 있다면 그만큼의 의식 자아들이 있다고 봐야 합니다.

내 속에는 착해야 한다는 의식의 자아와 착하면 손해라는 의식의 자아가 존재합니다. 이들은 제각기 어떤 기준을 갖고 있으며, 이를 충족하고픈 욕구 또한 갖고 있습니다. 그래서 친구가 돈 빌려 달라고 하면 갈등이 생기게 되지요. 빌려줘야 하나 말아야 하나 고민하게 됩니다. 내 속에 어떤 갈등이 생기는 것은, 몇 개의 의식들이 충돌할 때 빚어지는 현상입니다.

사랑의 갈등에 힘든 당신이라면

사람들은 너 나 할 것 없이 내면의 갈등으로 힘들어하지요. 나도 모르게 형성된 의식들이 온갖 주장을 하며 갈등을 일으키니까요. 어디 그뿐인가요. 타인과의 갈등도 마찬가집니다.

가령 사랑하는 남녀가 있다면 어떤 개념으로 사랑을 인식하고 있을까요? 두 사람이 호감을 느끼고 사랑한다고 하지만 정작 사랑이 무엇인지 정의 내리지 못하고 막연합니다. 그러다 보니 여자는 여자대로 남자는 남자대로, 자기 개념과 관념 속에서 사랑을 시도하게 되지요.

어떤 사람은 사랑을 희생이라 하고, 어떤 사람은 사랑을 주고받는 것이라고 합니다. 그런데 사랑을 희생이라 여기면 잔뜩 희생만 하다가 나중에 불만이 생겨 폭발하고 맙니다. 자식이나 남편에게 희생하며 살던 여성들이 중년에 우울과 히스테리가 심해지는 게 그런 경우이지요.

그렇다면 주고받는 사랑은 바람직할까요? 이 또한 계산이 어려운 사랑법이 됩니다. 내가 이만큼 주었으니 너도 이만큼 하라는 식의 사랑이니 피곤하겠지요.

중요한 것은 저마다 가진 관념들이 그만큼 굳어져 있으며, 이를 주장하는 의식 자아들을 쉽게 버리거나 비울 수 없다는 것입니다. 그러니까 만날 때마다 서로 주장을 하며 갈등이 일어나게 됩니다.

부부 사이에 갈등이 많은 이유가 무엇 때문일까요? 처음에는 사랑하는 감정이 일어나서 결혼했지만, 막상 살다 보면 많은 것에서 '다름'을 알게 됩니다. 각자의 개성이 다르고 성장 과정에서 겪은 경험이나 학습 과정도 다르지요. 두 집안의 가풍이라든가 소통의 방식도 매우 다릅니다. 그런데 선뜻 다름을 인정할까요?

상대방을 충분히 인정하고 존중하면 잘 풀어 갈 수 있지만, 처음부터 순수한 마음을 품고 상대를 대하기가 힘듭니다. 그러다 보니 불만이 생기지요. 시댁이 엄격하고 가부장적이면 자유롭게 성장한 며느리의 경우, 몹시 어색하고 힘든 분위기를 느낍니다. 그래서 명절 때만 되면 부부 싸움이 일어나는데, 서로 다른 개념을 갖고 자기주장을 하게 됩니다. 그러나 과연 어느 쪽이 정답이라 하겠습니까. 다름에 대한 인정이 안 되면 갈등은 지속적으로 반복될 수밖에 없지요.

벌레를 몹시 싫어하는 삼십 대 여성이 있습니다. 그냥 무의식적으로 벌레를 싫어하고 혐오합니다. 바퀴벌레든 귀뚜라미든 보기만 하면 비명을 질러 대지요.

그런데 만일 이 여성이 벌레를 먹는 문화권에서 성장했다면 어떨까요? 어쩌면 벌레를 혐오의 대상이 아닌, 먹을 수 있는 대상으로 여기고 살았을 테지요. 벌레를 맛있는 음식으로 인식하면서 말입니다.

반면에 이 여성에게는 '벌레는 혐오스러운 것'이라는 의식이 각인돼 있는 거지요. 어떤 경로에서든 그런 의식이 형성됩니다.

사물에 대해 인식하는 수많은 의식은 태어나는 순간부터 만들어지게 됩니다. 또 내가 살아가며 만나는 환경과 교육, 경험을 통해서도 만들어집니다. 간혹 내가 원치 않아도 생기게 되지요.

만일 내가 세 살 때 미국에 가서 성인이 될 때까지 살았다고 가정해 봅시다. 외모는 같겠지만, 전혀 다른 사고방식이나 기호, 마인드, 가치관을 가지고 자랐기에 전혀 다른 '나'가 될 것입니다.

실제로 어릴 때 외국에 입양돼서 성장한 젊은이들을 보면 놀라운 점이 한둘이 아닙니다. 유창하게 영어를 구사하고 스테이크에 익숙하지요. 마인드나 사고방식도 완전히 다릅니다. 외모는 한국 사람인데 말입니다.

누구라도 그가 처한 환경과 경험, 교육 속에서 전혀 다른 의식의 '나'를 만들게 됩니다. 그만큼 의식세계가 복잡하게 형성된다는 의미입니다. 그로 인해 갖게 되는 가치관, 마인드, 개념, 관념들이 복잡하게 얽혀서 '나'로 표현되는 것입니다.

시대에 따라 형성되는 의식의 개념이나
관념 또한 엄청난 괴리를 갖습니다.

조선 시대에는 신분제가 있었고 '남존여비' '삼종지도' 등

봉건적인 관습이 있었습니다. 그 시대에는 남자는 귀하고 여자를 천하다고 했습니다. 또한 여자는 어릴 때 아버지를 따르고 출가해서는 남편을 따르며 남편이 죽은 뒤에는 아들을 따르라고 했습니다. 그 시대에는 모두가 그게 옳은 법도라고 여기며 살았지요. 그 시대 뛰어난 학자들조차 이런 관습의 문제를 인식하지 못했습니다.

하지만 현대인들에게 이런 것을 지키라고 주장하면 어떨까요? 당장에 미친 사람이라고 하지 않을까요?

중요한 것은 내가 가진 고정관념이나 개념이 타인과 얼마든지 다를 수 있다는 것이지요. 부부 사이나 연인 사이에 갈등이 생기는 이유는 겉으로 드러난 특정의 문제라기보다 그 이면에 있는, 각자가 갖고 있는 무의식적 고정관념이나 개념의 차이로 인한 것임을 간과하지 말아야 합니다. 각자가 살아온 환경, 경험, 교육이 다르니까요. 이는 누가 옳고 그른지를 따질 수 없는 영역이 됩니다. 벌레를 싫어하거나 좋아하거나 각자가 다른 배경을 갖고 있으니, 누가 옳고 누가 그르다 하겠습니까.

자기주장이 강한 내 안의 의식들

수많은 의식은 복잡한 경로로 섞이고 변형되면서 '나'만의 독특한 개념, 관념을 만들어 냅니다. 한 17세 소녀가 죽음이 무섭다고 하더군요. 어째서 그런가 물으니 존재하던 것이 사라지기 때문이라고 합니다. 그래서 비유를 들어 접근해 봤습니다.

"자, 식탁에 구운 고등어가 한 마리 있다고 가정해 보자. 이게 죽은 걸까?"

"네."

"정말? 꼭 그렇게만 봐야 하나."

"죽은 거지요."

"하지만 고등어를 내가 먹으면 그게 나로 다시 살아나는데."

"먹으면 그냥 에너지로 소모되고 배설되잖아요."

"아니, 내 피가 되고 세포가 되기도 하거든. 즉, 고등어가 사람이 되는 거지. 사람으로 진화하는 거야."

"……."

"그렇게 보면 단순히 고등어가 죽어서 슬픈 게 아닌 거야. 그 관점이 전부가 아니지. 외형으로야 그렇게 보이지만 다른 관점으로 보면 나로 화(化)하는 게 되거든. 나로 다시 살아나는 거야."

"?"

소녀는 고개를 갸웃하며 생각에 잠기더군요. 분명히 맞는 말인 줄 알면서도 선뜻 받아들이지 못합니다. 매우 상식적이고 분명한 사실인데 말이지요.

우리는 죽음에 대해 무섭고 슬픈 거라는 관념을 갖고 있습니다. 어릴 때부터 막연히 그렇게 경험되었고 배워 인식하고 있지요. 아주 단단하게 굳어진 관념입니다. 이걸 재조명해 볼 생각은 여간해서 하지 않습니다. 그러고는 그 관념에 묶인 채로 슬픔이나 두려움을 만들어 내지요. 그리고 그 관념을 곧 '나'라고 단정 짓습니다. 하지만 '나'는 얼마든지 다른 관념을 갖고, 다른 시각을 가질 수 있습니다. 안타깝게도 무의식 속에 굳어진 고정관념을 여과나 검증 없이 받아들이며 힘들게 살아가니 문제입니다.

의식들은 서로 통하고 교류하는 것이 아니라, 제각각 고립된 채 자기 주장을 하고 있습니다. 제각각 만들어진 시기나 경험치가 다르니까요.

다섯 살 때 만들어진 의식은 다섯 살 수준이고, 스무 살에 만들어진 의식은 그때 수준에 머물러 있습니다. 물론 개중에는 성장한 의식도 있으나, 대체로 어린 시절에 굳어진 의식이 강하게 작용한다고 볼 수 있습니다.

이처럼 얽히고설킨 의식의 실타래를 어떻게 풀어야 할까요. 그저 골치 아픈 쓰레기라고 내다 버릴 수 있습니까? 적당히 명상하면 비워지나요? 그렇지 않습니다. 이제 구체적으로 현명하게 다스리는 방법을 배워야 합니다.

[수많은 나]

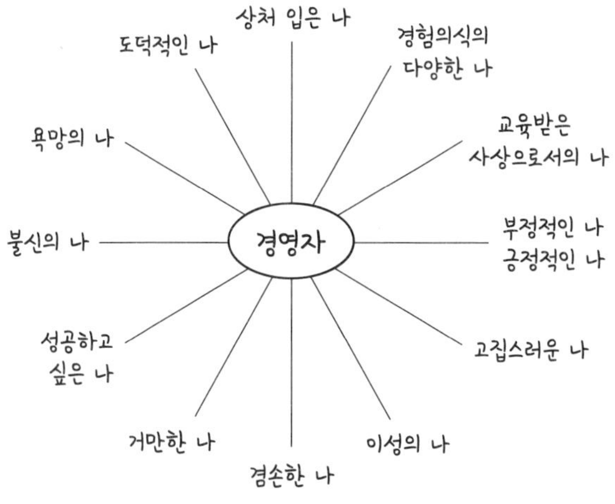

내 속엔 수많은 내가 있다
중심이 없으면 수많은 의식과 욕구에 휘둘린다

[의식세계의 구조]

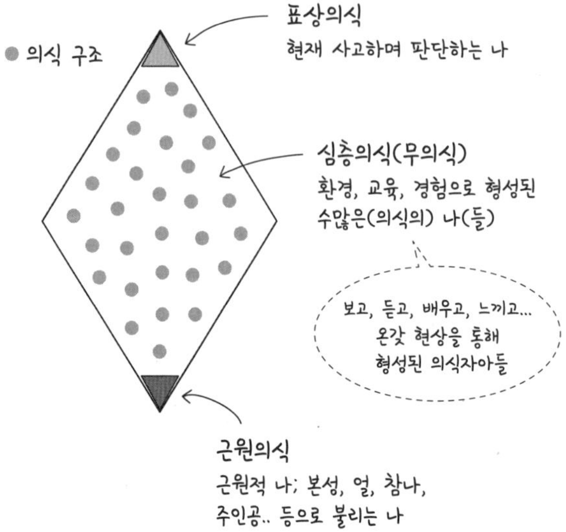

표상의식은 현재를 인식하고 있는 겉으로 드러난 의식으로 사고, 생각, 판단 등의 영역입니다. 표상의식에 대표가 되는 것은 초월적 이성(理性)인데(초월적 이성이란 과거 형성된 관념이나 사상, 철학에 묶이지 않으며 그 너머를 찾아가는 이성이다), 이것이 깨어 있지 못하면 언제나 휘둘리게 돼 있습니다.

심층의식(무의식)은 과거에 만들어진 의식들로 매우 복잡하게 얽혀 있는 모습입니다. 환경, 교육, 경험으로 만들어진 심층의식은 과거의 관념을 그대로 고수하며 현실과의 괴리를 만들기도 합니다. 세 살 버릇이 여든 간다는 말처럼, 세 살 때 형성된 의식은 여든 살이 되어도 쉽게 변하지 않습니다. 오히려 단단하게 굳어져서 아집이 되고 고정관념이 됩니다. 또한 의식들은 서로 교류하며 통합돼 있지 않고, 제각각 고립돼 있으며 저마다 기준과 욕구를 가지고 있습니다.
근원의식은 본성, 주인공, 참나, 영혼, 얼이라고 표현되는 존재입니다. 내 속에 진정한 '나'라고 할 수 있으나 여간해서 드러나지 않습니다. 그보다는 힘이 세고 자기주장이 강한 심층의식이 더 기승을 부리기 때문입니다.
무의식적으로 일어나는 생각, 기분, 감정, 욕구, 욕망은 대부분 심층의식에서 올라오는 것들입니다. 이들을 표상의식의 초월적 이성이 걸러야 하는데, 이 이성조차 오랜 세월 동안 심층의식에 물들고 굳어져서 거르는 기능을 상실하고 말았습니다. 그렇게 굳어진 것들이 내 마인드가 되고 가치관, 성격, 습관이 되고 맙니다.

강물을 마시려면 거르고 걸러서 마셔야 합니다. 내 속의 현상들도 마찬가지입니다. 그냥 받아들일 게 아니라 걸러야 합니다. 그런데 이성이 필터 역할을 하지 못하면 그냥 끌려다니게 됩니다.

심층의식에서 올라오는 생각, 기분, 감정, 욕구, 욕망은 그만의 독특한 기운 에너지를 갖고 있습니다. 슬픔에는 슬픔의 에너지가 있고, 분노에는 분노의 에너지가 존재합니다. 그래서 아무리 참고 싶어도 결국 그 힘에 굴복하게 되는 것입니다.

참된 명상은 심층의식과 더 깊은 무형의 세계를 제대로 파악하고 다스릴 수 있게 해야 합니다. 그게 아니라면 그저 막연히 마음을 비우고 버리고 빼려고 애쓸 뿐입니다.

강물을 마시려면 거르고 걸러서 마셔야 합니다.

내 속의 현상들도 마찬가지입니다.

명상 이야기

하나

명상은 보이지 않는 세계—
생각으로 닿을 수 없는 세계에
선뜻 다가설 수 있는 좋은 끌개입니다.

명상은 '나'라는 존재를 이해하고
마음을 다스리는 데 유용한 도구이지요.

나와 세계를 이해하고
삶을 이해하며
사랑하고
자유로울 수 있는
소박한 행복을 일깨워 줍니다.

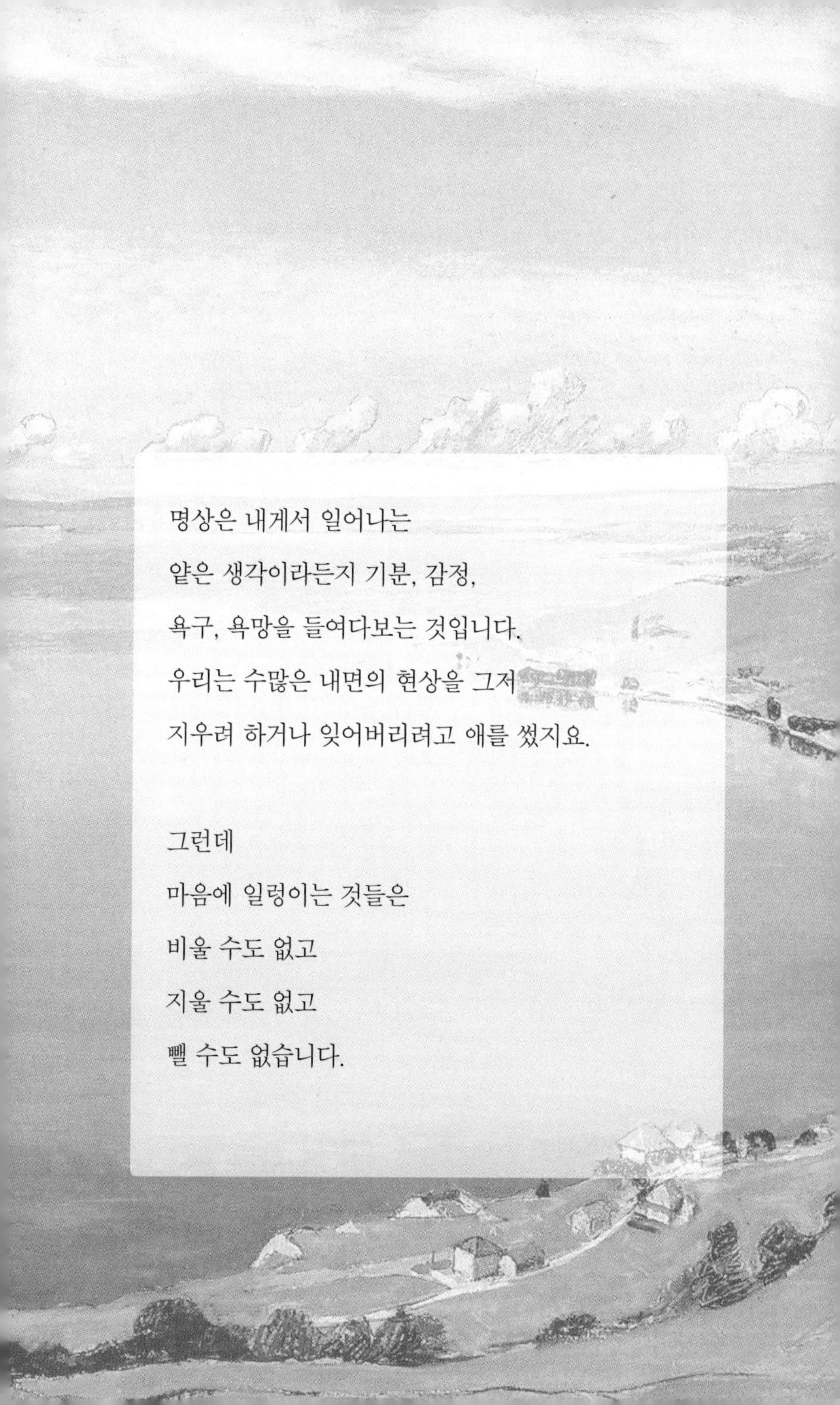

명상은 내게서 일어나는
얕은 생각이라든지 기분, 감정,
욕구, 욕망을 들여다보는 것입니다.
우리는 수많은 내면의 현상을 그저
지우려 하거나 잊어버리려고 애를 썼지요.

그런데
마음에 일렁이는 것들은
비울 수도 없고
지울 수도 없고
뺄 수도 없습니다.

2부

명상은 어떻게 삶을 건강하게 하는가

세계적인 천재와 CEO는 왜 명상을 할까

영국 록그룹 비틀즈의 멤버 조지 해리슨은 음악의 한계를 느끼며 정신적으로 힘든 날들을 보낼 때 명상을 접했습니다. 당시 비틀즈 멤버들은 극심한 스트레스 때문에 마약에 손을 대고 있었습니다. 그러나 명상을 실천한 뒤 마음의 안정과 영감을 얻으며 다시 활발하게 활동을 하게 됐습니다. 그 밖의 유명인들도 명상으로 스트레스를 이겨냈습니다. 오프리 윈프라, 니콜 키드먼, 휴 잭맨, 클린트 이스트우드 등의 배우들 그리고 딜마 로세프 전 브라질 대통령, 미국 의료계 저명 인사인 마호메트 오즈, 윌리엄 헤이그 전 영국 외무장관 등 삶에서 많은 성취를 얻은 사람들도 명상으로 삶을 건강하게 하고 있습니다.

세계적인 기업의 CEO 중에서도 명상 예찬론자들이 많습니다. 대표적인 사람이 미국 소프트웨어 기업 세일즈포스

닷컴의 마크 베니오프입니다. 그는 20년 넘게 명상을 실천 중입니다. 사옥에도 명상실을 만들어 임직원들도 명상을 하도록 권장하고 있습니다. 그는 "기업의 혁신 역량을 축적하는 데 명상이 중요한 역할을 한다"고 말합니다.

구글은 또 어떤가요. 구글에서 가장 인기 있는 무료 교육 강좌는 명상 프로그램입니다. 과도한 업무 스트레스에 괴로워하는 직원들에게 극찬을 받는 프로그램입니다. 인텔이나 오라클도 업무에 대한 스트레스, 절박감 등을 감소시키기 위해 CEO부터 직원까지 명상을 실천하고 있습니다. 오라클의 최고경영자 래리 엘리슨은 "CEO에게 명상은 중요하며, 업무를 계속해 나가는 데 반드시 필요한 작업"이라며 임직원들에게 문제를 해결하기 위해서는 명상을 통해 판단력을 길러야 한다고 말했습니다.

왜 그들은 명상으로 삶을 성찰하고 판단력을 기르고 또 예술적 영감을 얻을까요? 그것은 마음속에서 무슨 일이 일어나는지 그리고 그것은 어떤 일을 일으키는지 알 수 있기 때문입니다. 덕분에 더 나은 의사 결정을 하고 또 스트레스와 압박감, 절박감에서 벗어날 수 있던 것이지요. 당연히 체력과 건강도 좋아지기 마련입니다. 그래야 삶에서도 업무에서도 좋은 성과를 낼 수 있습니다.

최근 명상을 실천하는 사람들이 많아지면서 명상을 과학적으로 분석한 연구가 많아지고 있습니다. 심리치료 방법으로도 사용되기도 하지요. 전 세계 심리치료사들이 각종 정신장애의 심리치료와 여러 만성 질환 치료에 명상을 이용하고 있습니다. 미국 메사추세스 종합병원 연구자들은 2011년, 명상이 기억과 자신감에 관련된 두뇌 영역에 변화를 일으킨다는 연구 결과를 공개했습니다. 명상을 실천하는 사람들의 뇌를 MRI로 찍어 보면 뇌가 변했다는 것을 알 수 있습니다. 행복을 주는 뇌의 부위가 두꺼워진 것이죠. 명상이 학습, 기억력, 염증, 내성, 기분 조절, 스트레스 반응 신진대사와 같은 과정을 조절하는 데 중요한 역할을 한다는 연구 결과도 있습니다.

즉, 명상은 정신과 육체에 대한 저항력을 향상시키고 뇌를 변화시켜 불안과 스트레스에서 삶을 보호하는 역할을 합니다. 몸과 마음의 면역력이 높아지면 나를 괴롭히는 삶의 바이러스도, 몸의 면역 체계를 무너뜨리는 바이러스도 침투하기가 쉽지 않지요. 누구나 어디에서나 명상을 당장 시작할 수 있습니다.

대체 내 안에서 무슨 일이 일어나는 걸까?

분주한 하루를 보내고 '나'와 마주하는 시간이 있나요? 온전히 나와 대면하는 시간이 없다면 이제라도 나와 대면하고, 자연과 대면하는 시간을 가져 보세요. 하루 한 번이라도 나에게로 돌아오는 시간이 필요합니다.

나에게로 돌아오는 명상의 시간.

나를 승화시키는 시간.

이 시간에 마음은 정갈해지고 순수해집니다.

'나'를 성찰하며 '나'와 깊이 교감하며 본성의 '나'로부터 지혜를 배우는 시간…… 아름다운 미래를 설계하며 그리로 가기 위한 다독임과 격려의 시간이 있습니다. 나에게로 돌아오는 시간이 자주 있을수록 마음이 자랍니다.

이른 봄날 단단한 땅을 뚫고 올라오는 민들레나 질경이처럼, 보드라운 마음이 단단한 생각을 넘어 살아납니다.

마음이 자라고 있다는 걸 느끼시나요? 아니면 스무 살 무렵 그대로인지요.

마음이 자라지 못하면 무겁고 어둡고 차가워집니다. 그러면 행복할 수가 없겠지요.

팔다리를 내 마음대로 움직이듯이 마음도 내가 마음대로 할 수 있어야 합니다. 그런데 우리는 나이 들어갈수록 마음이 무겁고 어두워집니다. 대체로 그렇습니다. 살아온 날들이 많을수록 쌓인 감정과 스트레스가 많기 때문이지요.

누군가 내게 상처를 주고 혹은 나 스스로 이룰 수 없는 욕망에 사로잡히며, 무겁고 어둡고 차가운 마음이 되고 맙니다.

명상은 나에게로 돌아오는 휴식과 위로의 시간입니다.

명상은 무엇보다 중요한 마음을 다루는 행위입니다.

그런데 가만히 눈 감고 앉아 있다 보면 마음이 얼마나 요란한지 모릅니다. 한마디로 속이 시끄럽지요. 쓸데없는 생각이 넘쳐나고, 별로 기억하고 싶지 않은 과거가 불쑥불쑥 튀어나옵니다. 어디 그뿐인가요. 누군가를 생각하다가 질투심이 일어나고, 온갖 발칙한 상상을 하는가 하면, 왠지 모를 불안감이 느껴지기도 합니다. 해서 그런 나를 보기가 불편하지요.

대체 마음에 무슨 일이 벌어진 걸까요?
마음에 무엇이 쌓여 있을까요?

오래된 집을 생각해 봅시다. 이십 년이나 삼십 년쯤 산 집이 있다고 가정해 봅시다. 오래된 집에는 오래된 물건들이 있습니다. 오래된 책이나 액자, 운동기구가 있지요. 개중에는 망가져서 못 쓰게 된 물건도 많습니다. 어느 날 멈춰 버린 시계라든지 바닥이 긁힌 프라이팬, 더는 입지 않는 옷들이 옷장 깊숙이 잠들어 있기도 합니다.

마음에도 오래 묵은 것이 남아 있습니다. 해묵은 마음이지요. 오래된 집에 망가지거나 쓰지 않는 물건이 있듯이 마음에도 그런 것들이 있습니다.

이를테면 해묵은 감정들 —그리움, 연민, 미움, 원망, 후회들이 마음에 남아 일렁이고 있습니다. 살아온 날들이 많을수록 오래된 집처럼 오래 묵은 마음들이 있는 것이지요.

어째서 자꾸 지난날이 생각날까요?
이제 그만 잊고 싶은데 자꾸 생각나면서
감정이 일어나는 이유가 뭘까요?
내 마음은 무엇을 원하고 있을까요?

지나간 사랑 때문인가요? 스무 살 풋풋하던 사랑을 아직 기억하고 있나요? 사랑하던 사람을 만나러 갈 때 설레던 순간이 그리운가요?

어쩜 그럴지도 모릅니다. 사랑을 느낄 때, 그때 세상은 눈부시게 아름다웠고 모든 것이 빛나는 느낌이었으니까요.

지나간 날들의 상처는 해묵은 마음으로 어느 곳엔가 남아 있습니다. 그래서 가끔 희끄무레하게 떠오르며 묘한 감정을 일으키지요. 슬픔이기도 하고 그리움이기도 한 감정으로 일렁입니다.

이런 마음을 비워 낼 수 있을까요?
마음에 담긴 것들을 버릴 수 있을까요?
마음에 일렁이는 감정을 내려놓을 수 있나요?

과연 어떻게 그럴 수 있을까요?

비우라, 버리라, 내려놓으라는 말은 그럴듯합니다. 하지만 그 방법에 대해서는 누구도 쉽게 말할 수가 없습니다. 명확한 해법도 없고 방향성도 없습니다. 그래서 마냥 방황하게 되지요.

오래 묵은 마음을 다 비워 낼 수도, 버릴 수도, 내려놓을 수도 없습니다. 그 마음은 이미 나를 형성하고 있으니까요. 오래 묵은 마음일수록 명상이 필요한 것은, 오래된 집의 낡은 물건을 정리하듯이 정리가 필요하기 때문입니다. 낡고 못 쓰게 된 물건을 끌어안고 있어 봐야 별 의미가 없습니다. 집 안만 어수선하고 지저분하듯이 마음도 그렇습니다. 그래서 낡은 마음들을 정리 정돈할 필요가 있습니다. 그렇게 되면 한결 마음이 밝고 쾌적해집니다.

타인에게 화가 나는 이유

참된 명상은 나를 보는 행위로부터 시작됩니다.

나는 '나'를 잘 알고 있을까요?

얼핏 생각하면 잘 알고 있는 것처럼 느껴지기도 합니다.

허나 실제로는 좀 막연합니다.

어쩌면 타인이 나를 더 잘 보며, 잘 알 수 있습니다.

내가 평소에 보이는 표정이나 태도는 타인이 더 잘 볼 수가 있지요.

'나'를 본다는 것은 어떤 의미일까요?

그저 단순하게 나를 의식하는 정도일까요?

'자신을 가장 모르는 사람은 바로 자기 자신이다'라는 말이 있습니다.

우리는 평소에 내 관념이나 기준을 잘 인식하지 못합니다. 그리고 내 안에서 일어나는 생각, 기분, 감정, 욕구, 욕망, 행동을 자세히 살피지 않습니다. 너무 익숙하고 당연하기 때문이지요. 설령 '나'에게 문제가 있다고 생각해도 어쩔 수 없다고 여기곤 합니다.

그렇게 '나'를 보는 건 소홀히 여기지만 타인에 대해서는 매의 눈을 갖고 봅니다. 그 사람의 행동이나 말투, 문제점을 열심히 찾지요. 그러다 문제가 생기면 상대방을 탓하고 상황을 탓합니다. 원인을 남에게서 찾는 것이지요.

내가 화를 낼 때 그것은 매우 당연합니다. 상대방이 잘못했으니까요. 설령 내가 일을 잘못했을지라도 상대방이 나를 무시하는 태도는 용납이 안 됩니다. 결국 모든 문제는 남의 탓이지 나에게 있지 않습니다. 그렇게 우리는 '나'를 보는 것에 인색한 편입니다.

그런데 우리가 살아가며 정말 필요한 것은 '나'를 제대로 보는 일입니다. 살면서 수많은 문제는 다가오게 돼 있고 그에 대응하며 살아야 하는데, 만일 나도 모르는 문제나 어리석음이 있다면 어떻겠습니까.

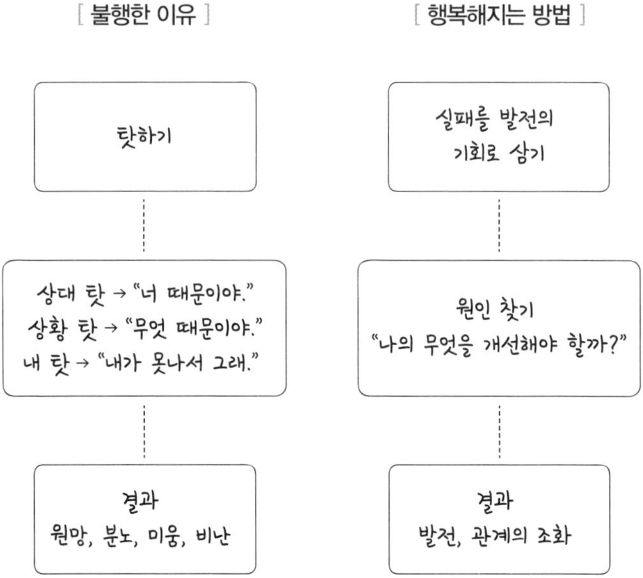

결국 '나'는 어리석은 대응을 하게 될 뿐 아니라, 원치 않게 그 문제에 걸려서 평생 허우적거리며 괴로워하게 됩니다. 그래서 나의 문제나 어리석음을 발견하고 개선하는 것은 중요하며, 이를 위해 자신을 냉철히 바라보는 행위가 필요하지요. 행복하게 살고자 한다면 '나'의 어리석음을 찾아 개선하고 계발해야 합니다. 그 시작이 '나'를 냉철하고 현명하게 보는 것이지요.

위빠사나*든 기존의 명상에서도 '나'를 보는 행위를 중요하게 여깁니다. 그런데 '나'를 보는 것도 바람직한 방법이 필요하답니다. 나를 본다고 해서 막연히 바라보게 되면 별 소용이 없습니다. 오히려 지나칠 정도로 섬세하게 바라보다 어리석음을 발견하고는, 이를 해결할 방법이 없어 괴로운 상황이 되기도 합니다.

문제만 발견하고 대안이 없다면, '내'가 점점 초라해지고 형편없는 존재처럼 여겨지기도 하는 것이지요. 그러다 결국 문제는 보이는데 해결할 방법이 없으니까 '나'를 보는 것을 회피하게 됩니다. 그러므로 '나'를 보는 것은 본다는 행위에 그칠 게 아니라, 이를 해결하고 발전시킬 방법이 뒤따라야 합니다.

'나'를 보는 관점은 매우 중요합니다. 내가 '나'를 볼 때, 그 보는 주체가 무엇이 되어야 하는가, 대개는 여기에서 한계에 부딪히기도 하는데요. 내가 '나'를 보는데, 그 '나'가 과거의 관념에 묶인 채로 본다면, 상당한 한계에 부딪히며

* 위빠사나는 부처님이 깨달음을 얻은 수행 방법으로, 수행이 높아져 최고의 경지에 도달하면 스스로 깨달음을 얻게 되는 방법이다.

본다는 의미가 별로 없게 됩니다.

내가 '나'를 보려는 건 내 문제를 찾아서 개선하려는 의도인데, 과거의 관념으로 보게 되면 문제를 제대로 볼 수 없지요.

과거의 나는 환경과 교육 경험으로 형성된 관념의 나입니다. 특히 어릴 때 무조건 받아들인 의식들은 어리석고 성장이 안 된 경우가 많습니다. 한데 그 관념의 틀에서 현재의 나를 개선하려 하면 엄두가 나질 않지요. 결국 '나'를 보다가 지치면서 정작 중요한 것은 보지 못하고 맙니다. 그래서 '나'를 제대로 볼 수 있는 시각이 중요합니다. 그 시각이 없다면, 일상은 쉽게 지치고 말아요. 이게 우리에게 명상이 필요한 이유입니다.

현재의 '나'는 완성된 내가 아닙니다. '나'는 끊임없이 변해 가는 중입니다. 작년의 '나'와 올해의 '나'는 다릅니다. 생각하는 것도 타인을 보는 관점도 조금씩 달라집니다.

그런데도 쉽게 변하지 않는 모습이 있습니다. 약간의 게으름이라든지, 타인에 대한 비교 심리라든지. 별로 드러내고 싶지 않지만 내 속에 갖고 있는 어떤 기준이나 욕구들이 넘실거리고 있습니다.

사람은 누구나 좋은 방향이든 나쁜 방향이든 변해 갑니다. 내가 변화를 거부해도 시간이 지남에 따라 어쩔 수 없이 변해 갈 것입니다. 어차피 시간은 흐르고 늙어 가니, 외모든 기억력이든 변하기 마련이지요.

그런데 한편으로 내 속에는 변하기 싫어하는 고집쟁이 의식들이 있습니다. 한번 주의를 기울이고 떠올려 보세요.

과거부터 지금까지 계속 그것을 주장하는 의식이 있을 것입니다.

가령 '인생은 고해야.'라든가 '돈이 많아야 행복해.' 하는 것들이 있을 수 있는데요. 이런 의식은 오래전에 만들어진 채 단단히 굳어져서 좀체 변하려 하지 않습니다. 그러고는 늘 그것을 정당하다고 주장합니다. 마치 그게 불변의 진리인 양 여기지요.

인생이 고달픈 것이고, 돈이 많아야 행복하다는 의식들은 온갖 논리로 그것을 정당화합니다. 얼핏 보면 맞는 말 같기도 해요. 아무래도 돈이 많으면 여행을 가든 자동차를 구입하든 쉽게 할 수 있을 테니까요. 그런 의식들은 자꾸 현실을 부정적으로 보게 하고 불만과 짜증을 일으킵니다. 현실에서 시도하고 노력하는 것이 아니라, 그저 내 탓 부모 탓만 하게 되지요.

기존의 관념을 주장하는 의식들과 씨름하면 이길 수가 없습니다. 심층의식에 형성된 것들은 저마다 어떤 계기로 만들어진 의식들이기에 여간해서 변하지 않습니다.

어릴 때 집이 가난해서 가족이 빚 때문에 야반도주하던 기억을 가진 학생이 있습니다. 스물한 살의 그녀는 그때 두고 온 고양이를 잊지 못하고 그 상황을 벗어나지 못한 채, 누가 자신을 알아볼까 봐 수시로 불안을 느끼며 사회생활을 제대로 못합니다. 주변에서 누가 한마디 하면 눈물을 흘리고, 주체할 수 없는 식욕 때문에 체중은 점점 늘어 갔지요.

삶에 대한 불안과 유년기의 상처가 무의식적으로 작용하니, 스스로 감정이나 식욕이 제어가 안 되는 겁니다. 이런 경우 철저히 심층의식에 접근해서 원인 의식을 치료해야 하며, 한편으로 의식의 성장과 계발에도 힘써야 합니다.

어릴 때 형성된 의식이거나 아니면 작년에, 아니 일주일 전에 형성된 의식일지라도 부정적인 것은 개선해 줘야 합니다. 안 그러면 시간이 지날수록 견고해지며 부정적 관념을 만드니까요.

심층의식 속에서 '나'를 찾기

그러면 어떤 방법을 어떻게 적용해야 할까요? 그저 그럴듯한 몇 마디 말로 변화될 수 있을까요? 생각만으로 의식이 바뀌나요? 그렇지 않습니다. 우리가 아무리 좋은 말을 들어도 실천이 어려운 이유가 그 때문이지요.

가령 이웃을 사랑하라거나 자비를 베풀라는 말을 들으면

마음이 흔쾌한가요? 흔쾌히 그래야겠다는 마음이 일어나나요? 겉으로야 어느 정도 수긍하는지 모릅니다. 그게 좋다는 것도 알지요. 그런데 무의식(심층의식)에서는 무엇이 떠오릅니까? 뭔가 베풀려 하니 손해 볼 것 같고 귀찮기도 합니다. 나도 별로 가진 것이 없는데 꼭 그래야 하나 싶기도 하고요. 결국 좋은 말씀이기는 하나 실천을 하지 않습니다.

이렇듯 고착된 의식들은 온갖 이유를 대며 자기를 주장하지요. 그게 '나도 모르게 형성된' 의식의 힘입니다. 이들은 내가 이길 수 없는 힘을 갖고 있지요.

감정이나 생각을 놓아 버리고 마음에 어떤 것도 담아 두지 않는다면 어떻게 될까요. 모든 판단을 중지하고 무장 해제하면 순수해질 수 있을까요? 의식은 그런 식으로 순수해지지 않습니다.

또 어떤 종교 지도자는 불안이나 분노가 일 때 춤을 추거나 운동을 하라고 하더군요. 한데 이런 식의 처방도 한계가 있습니다. 가벼운 증상에는 도움이 되지만 조금만 심해져도 이 방법으론 어렵습니다. 심층의식에서 계속 올라오는 감정들이 그렇게 해서는 다스려지지 않아요. 참 답답한 노릇입니다.

어떤 학자들은 감정에 충실해라 주문하는데 이 역시 바람직하지 않아요. 그네들은 감정이 내면의 메시지이니 억누르려 하지 말고 표현하라고 하지요. 그리고 원하는 것을 충족해 주라고 합니다. 예를 들어 외롭다는 마음이 일면 가까운 사람을 만나 밥을 먹고 차를 마시며 수다로 풀어라, 하는 식입니다.

감정이나 욕망을 참고 억누르다 그것이 안에서 곪아 터지며 문제가 발생하니 이번엔 반대로 접근하는 것입니다. 그런데 이 방법도 많은 한계와 문제를 도출합니다.

이는 마음의 세계, 무의식의 세계에 접근하지 못할 때 할 수 있는 방법일 뿐입니다. 이제 그런 단순한 방법이 아닌 보다 발전된 방법으로 접근해야 합니다.

일어나는 감정이나 욕망의 배후에 있는 무의식적 의식들, 즉 감정을 일으킨 심층의식 속 자아를 살피고 깨워 주는 방법을 택하는 것이 좋습니다. 그러면 자연스럽게 특정 상황의 감정이나 욕망이 줄어들거나 사라져 갑니다.

내 마음에서 일어나는 모든 현상은 내가 깨우고 계발하며 발전시켜야 하지, 그냥 놓아 버린다고 순수해지지 않습니다. 놓아 버린다고 놓이지도 않고요.

'나'를 계발하고 업그레이드하려면 늘 살펴야 합니다. 이때 중요한 게 '자기통찰'입니다. 자기통찰이란 '나'에게 일어나는 현상을 놓치지 않고 '객관적 검토'를 하며 통찰하는 것입니다. 기존의 명상에서는 대개 자기관찰을 중요시합니다. 자기관찰과 자기통찰은 좀 다릅니다. 자기관찰은 일어나는 생각 기분 감정 욕구 등을 살피고 그것을 인식하는 정도에 그치거나, 감정 욕구 자체를 문제 삼고는 풀어 주려고 애쓰는데 이 방법에는 한계가 있습니다.

자기통찰은 일어나는 생각·기분·감정 등을 보는 동시에, 그것을 일으키는 근본 원인에 접근하는 것이지요. 즉 무의식 속에 있는 의식이나 관념들을 통찰해서 접근하는 것입니다. 그런 배후의 의식을 개선·계발하면 자연스럽게 감정이나 욕구 등이 다스려지면서 정리가 됩니다.

이렇듯 자기통찰은 겉에 드러난 문제가 아닌 이면의 근본 원인을 해결하는 현명한 시각이라 할 수 있습니다. 자기통찰은 내면의 움직임을 일일이 살피며 집착하는 게 아니라, 어지간한 것들은 흘려버리고 중요한 사안들을 통찰적으로 접근해 가는 것이지요.

자기관찰을 지나치게 하다가 자기 문제에 휘말려서 정신 못 차리고 방황하는 경우도 많습니다. 사람마다 제각기 마인드나 가치관이 다르기에 그 사람에게 맞는 방법을 찾아 적용해야 합니다. 그래서 명상을 할 때, 뛰어난 스승이나 전문 지도자의 도움이 필요합니다.

[자가통찰의 종류]

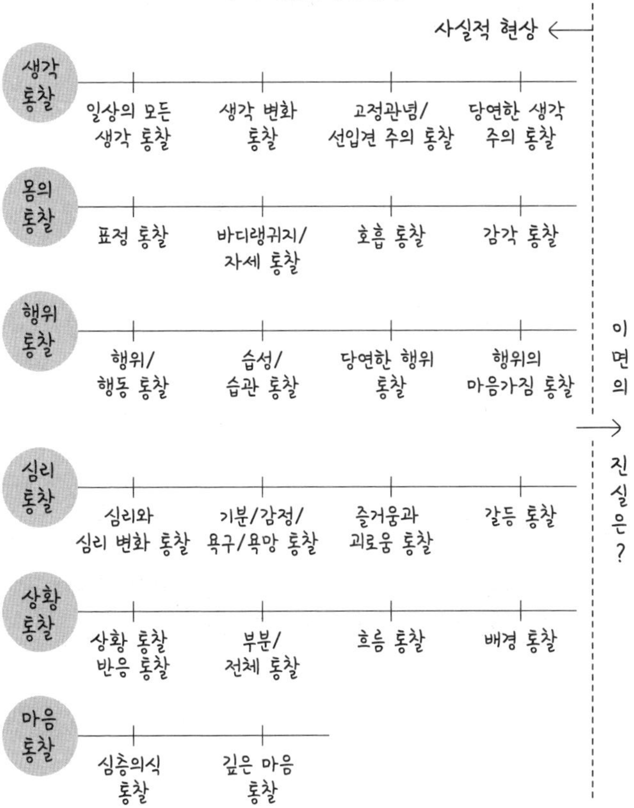

자기통찰이 자연스러워지면 세상과 삶에 대한 통찰도
가능해지며 그만큼 현명해집니다.

면역력을 높이고 스트레스를 줄이는 명상

어떤 사람은 과거를 그리워하며 현재를 불행하게 살아갑니다. 과거에 잘나갔는데 현실이 초라해서 견디지 못하는 경우가 있지요.

그와 반대로 과거를 후회하며 현재까지 분하고 원통한 감정을 고수하는 때도 있습니다. 현실과 상관없이 계속 과거 감정을 삭이지 못합니다.

흥미로운 것은 둘 다 공통으로 과거에 묶여 있다는 것입니다. 즉, 과거의 나를 고집하며 그 관점 속에 머물러 있지요.

과거에 부유하고 행복하게 살다가 늙어 초라해진 남자가 있었습니다. 그는 잘생긴 외모에 공부도 잘해서 명문대까지 나온 멋쟁이 신사였습니다. 젊은 시절 사업이 잘돼서 재산도 크게 일구고 행복하게 사는 듯 보였습니다. 그러나 어느 순간부터 술에 빠지기 시작하면서, 이혼을 하고 자식들도 떠나고 홀로 쓸쓸히 늙어 갔는데요. 그러면서도 그는 젊은 날의 화려함을 잊지 못했습니다.

그는 사흘이 멀다 하고 술을 마시며 과거 자랑을 했습니다. 과거에 돈을 얼마나 많이 벌었으며, 얼마나 많은 사람이 자신을 추종했는지 흐뭇하게 회상에 젖었습니다. 그러나 언제나 마지막엔 초라한 현실을 비관하는 것이 전부였지요. 비록 과거 영화로운 시절보다 못하지만 그래도 먹고 살 만한 재산이 있음에도 불구하고, 한탄과 부족감 속에서 술로 세월을 보낸 것입니다. 그는 육십 살의 나이에 죽음을 맞이하고 말았습니다.

우리는 언제나 지금 이 순간 속에 존재하고 있습니다. 그리고 이 순간 속에는 과거의 모든 것이 와 있으며, 의식적으로나 무의식적으로 예측하는 미래 역시 와 있습니다. 그래서 이 순간에 깨어 있기가 쉬운 게 아닙니다. 여차하면 과거가 나를 묶어서 이 순간 과거를 갖고 헤매게 되며, 암울한 미래가 우울하게 만들기도 합니다.

누구나 이 순간 속에 깨어 있기 위해 초월적 이성이 필요합니다. 위의 경우는 화려한 과거에 철저히 묶인 사례인데요. 자신의 관념이 과거 그대로 물들어 있으니, 오늘의 초라함이 못마땅하게 느껴지면서 파멸로 끌려간 것입니다.

우리는 언제나 오늘 이 순간 속에 존재합니다. 오늘 이 순간을 떠나서는 존재할 수 없습니다. 그래서 오늘 이 순간 순간 속에서 존재성을 느끼며 행복을 추구하게 됩니다.

하지만 자꾸 떠오르는 과거를 어찌해야 할까요?

오로지 이 순간에만 집중하면 어떨까요. 지금 이 순간 밥을 먹는 것에 집중하고, 농사짓는 것에 집중하고, 호흡하는 것에 집중하라고 하지요. 그러면서 떠오르는 과거를 무시하면서요.

그런데 그렇다고 해서 꾸역꾸역 떠오르는 과거 생각을 외면할 수 있을까요? 아니면 생각을 멈출 수 있나요? 생각은 내 의지대로 잘되지 않습니다.

자꾸 떠오르는 과거 생각은 마음에서 정리를 필요로 하는 것들이지요. 참된 명상은 과거를 정리할 수 있어야 하며, 의식을 깨우고 성장시키는 작업이 가능해야 합니다. 그저 무턱대고 외면하거나 다른 것에 집중하며 무시하는 건 한계가 있습니다.

오늘 이 순간을 잘 살기 위해서는 과거에 묶이지 말아야 합니다. 그것이 좋은 과거이든 불행한 것이든 마찬가지지요. 이 순간 속에 과거와 미래가 모두 와 있는 만큼, 과거에 묶이는 게 아니라 과거를 거름으로 쓸 수 있어야 하며, 동시에 아름다운 미래를 그릴 수 있어야 합니다.

인간은 미래 지향적인 존재입니다. 우리가 행복할 수 있는 건 미래를 꿈꿀 수 있기 때문입니다. 초등학교 아이가 내일 소풍을 갈 때 오늘 행복해하지요? 엄마가 싸 주는 김밥이며 간식거리를 생각하면 행복한 거예요. 이처럼 내일을 꿈꿀 때 행복한 것입니다.

반대로 내일 회사가 부도가 난다면 오늘 행복할 수 없습니다. 아무리 오늘 값비싼 음식을 먹는다 해도, 내일이 절망스럽다면 맛이 있을 리 없지요.

현재의 나는 과거를 딛고 미래를 바라볼 수 있어야 합니다. 과거는 오늘 현재를 살아가기 위한 바탕일 뿐이지요. 과거를 붙들고 아무리 씨름을 해도 소용이 없습니다. 설령 행복한 과거일지라도 마찬가집니다. 불행한 과거는 더욱 그렇고요.

대개 명상을 할 때 과거 이런저런 일들이 떠오르는 것은 지극히 자연스런 현상입니다. 이것을 애써 외면하며 이 순간에만 집중하는 명상은 한계가 있습니다.

대부분의 사람은 명상을 집중으로 여기며 자꾸 집중을 강조합니다. 그런데 잘 생각해 보세요. 우리는 거의 종일 긴장하고 집중하며 살아갑니다. 공부를 하거나 회사 일을 하거나 집중하게 되지요. 라면을 하나 끓여도 집중해야 잘 끓일 수 있습니다. 그렇게 종일 집중하는데 명상할 때도 집중하며 과도하게 긴장해야 할까요? 오히려 두뇌와 마음을 이완시키고 여유롭게 '흐름'을 즐겨야 하지 않을까요.

명상은 집중이 아니라 흐름입니다.

신체 기능을 회복시키는 명상의 자세

사마타* 명상이나 단전호흡 등 과거의 명상법은 집중을 중요하게 여기기도 했습니다. 집중의 단계가 필요할 때가 있습니다. 그러나 주야장천 집중만 하면 어떻게 될까요?

이 패턴이 굳어지면 상기증** 이나 자율신경실조증 등 예

---

* 불도를 닦기 위하여 잡념을 버리고 정신을 하나의 대상에 집중하는 일.

** 피가 머리로 몰려 홍조 · 두통 · 귀울림을 일으키는 현상.

상치 못한 부작용이 나타나기도 합니다. 그래서 집중을 강조하는 명상은 많은 주의가 필요합니다(이 속에 복잡한 메커니즘을 알아야 한다).

'흐름'을 즐기는 명상에 익숙해지려면 경험이 필요하고, 체계적인 지도가 필요합니다. 그러나 집에서 쉽게 시작할 수도 있어요. 하루에 십 분이라도 즐겁게 명상을 하고 싶다면, 우선 '나'를 넉넉한 마음으로 바라보는 자세가 필요합니다. 명상한다고 하면 잡생각을 떨쳐 내려 하거나 괴로운 생각이 떠오르기 때문에 오히려 명상을 기피하는데, 그럴 필요가 없습니다.

처음부터 무리하게 오래 앉아 있는 건 바람직하지 않습니다. 몸이 적응할 수 있도록 몸을 풀어 주는 이완 운동을 병행하면 좋습니다.

명상을 처음 접할 때, 잡념이 일어나는 건 자연스러운 현상입니다. '정중동靜中動'이라고 해서 고요한 가운데 움직임이 있다고 하죠? 몸이 움직임이 없는 고요함, 즉 정靜으로 들어가면 내면은 수많은 생각이 일어나는 동動이 됩니다. 명상하며 몸이 고요해지고 자신의 시선을 내부로 돌리면 그간 느끼지 못했던 수많은 것들이 드러납니다. 직장 내의 스트레스, 친구와의 관계, 가족 문제 등등이 떠오릅니다.

우리의 신체는 또 어떤가요? 정신적으로 긴장돼 있다면 우리의 신체 또한 의식, 무의식적인 스트레스를 앓고 있습니다. 그로 인해 호르몬 분비의 교란과 불균형, 교감신경 항진 상태가 지속되기 때문에 혈액순환 이상 등 신체적 불균형이 나타납니다.

흐름의 명상은 호르몬 분비를 안정화하고 자율신경의 일종인 교감신경의 활동을 줄이고 부교감 신경을 활성화합니다. 자연스레 몸의 면역력이 상승하고 자가 치유력이 향상되어 정신과 신체가 건강해집니다.

흐름의 명상을 하게 된다면, 잡념이 떠오르는 원인이 무엇인지, 그럴 때 어떻게 해야 하는지 알 수 있게 됩니다. 집중을 중시하는 명상법은 고도의 집중을 요구하면서 내 속의 문제들을 잊어버리거나 외면하게 합니다. 그러나 제대로 된 명상이라면 내 문제를 통해 나를 개선하고 발전시킬 수 있도록 해야 합니다. 내 속의 의식을 깨우고 변화시켜야 마음이 밝아지니까요. 그렇게 되면 굳이 외면하지 않아도 되며, 비우거나 버리려고 애쓰지 않아도 됩니다.

흐름의 명상은 내 생각을 흐르게 하고 감정 욕구를 흐르게 하면서, 깨우고 개선하는 과정을 즐겁게 할 수 있습니다. 집중으로 인한 긴장감이 아니라, 넉넉하고 여유로운 명상이 되는 것이지요. 마음과 몸이 흐름을 즐길 때 면역력이 높아지고 스트레스가 줄어듭니다.

[뇌파와 명상]

40 HZ

베타 파

(β파: 13~30Hz):
일상의 깨어 있는 상태. 신체적인 활동성이 가장 왕성

- 잘 인식하는 영역, 일반인 평상시의 두뇌 파장
- 사고가 대체로 표피적, 사고력의 10% 정도 활용
- 생각 많고 스트레스 강도가 강할수록 뇌파 상승
- 뇌파가 높으면 마음이 심란해지고 에너지 소모도 많아짐

13 HZ (마음이 편하고 집중이 잘될 때 뇌파의 파동이 느려짐)

알파 파

(α파: 8~12Hz):
심신이 안정된 상태.
이완 상태. 초기 명상 상태

- 안정적 집중적 두뇌활동, 공부가 잘됨. 특히 집중력과 기억력, 사고력 최고로 향상되는 상태. 발상의 전환. 아이디어. 창조력
- 심신 건강에 중요한 영향을 끼치는 뇌파, 부교감 신경 활성화. 호흡 안정. 심신 안정. 근육이완. 혈액순환 원활. 손바닥 등이 따뜻해짐
- 명상 상태로 들어가는 입구로 의식과 무의식 사이를 이어 주는 가교

8 HZ

세타 파

(θ파: 4~7Hz):
선잠, 꿈
깊은 명상 상태

- 명상과 집중의 더 깊은 영역
- 통찰력/직관력 창조적, 초학습능력 상태
  감정을 벗어난 냉철함과 폭 넓은 사고
- 무의식 중에 잠재능력이 활성화됨

4 HZ

델타 파

(δ파: 1~3Hz):
깊은 수면 상태, 무의식 상태

0 HZ

관념을 초월해서 냉철하게 바라보라

인간은 초월적 이성(理性)을 지닌 존재입니다. 인간은 동물처럼 본능만으로 살아가지 않습니다. 우리는 깊이 사유할 수 있고 컴퓨터나 세탁기를 상상해서 만들어 내는 존재입니다. 밤하늘에 반짝이는 별을 보며 먼 우주 세계를 그리고 그곳에 가고 싶다는 갈망을 느끼지요. 날아가는 참새는 그런 생각을 하지 않습니다. 동물은 철저히 본능을 바탕으로 살아갈 뿐이니까요.

미국의 한 심리학회에서 동물적 본능 욕구를 다섯 가지로 분류했습니다. 생존 본능 욕구, 성性 본능 욕구, 영역 본능 욕구, 권력 본능 욕구, 애착 본능 욕구가 그것입니다. 이 본능적 욕구는 동물 세계에서 오랜 세월 지속해 왔습니다. 따라서 인류에게도 기본 속성값으로 자리 잡고 있습니다. 자식에 대한 애착, 식욕, 수면욕, 심지어는 퇴근 본능까지…….

특히 사회생활을 할 때 생기는 불편한 감정들은 '영역 본능' 때문에 생기는 경우가 많습니다. 무리를 짓는 동물 세계에서 강하게 드러나는 게 권력 본능 욕구입니다. 직장 생활부터 친구들의 모임까지 주도권을 갖기 위한 갈등이 일어납니다.

인간이 동물과 다른 점이 있다면 바로 이성을 갖고 있다는 점입니다. 그렇다고 해서 인간만이 특별하게 뛰어나다는 의미는 아닙니다. 아무리 머리가 뛰어나고 생각이 뛰어나도 동물보다 못한 행동도 하니까요. 때로 동물보다 더 영악하고 잔인한 게 또한 인간입니다. 그래서 인간다운 인간으로 살아가려면 '초월적 이성'이 첫째 조건이 됩니다.

내가 '나'를 본다고 할 때, 그 주체가 되는 것이 바로 초월적 이성이 되어야 합니다. 이것이야말로 인간과 동물을 구분 짓는 사유 체계입니다.

초월적 이성이란 단순한 생각과 다릅니다. 어떤 상황을 볼 때 내 관념의 틀에서 보는 것이 아니라, 기존의 관념을 초월해서 냉철하게 본다는 의미입니다.

우리는 평소 초월적 이성으로 살기보다, 감각적으로 일어나는 생각에 따라 판단하기 쉽습니다. 또는 기분이나 감정, 욕망에 따라 움직이지요. 그래서 서로 갈등하고 대립하게 됩니다.

누구나 이성을 지니고 있으나 그 깊이와 폭은 제각각입니다. 어떤 사람은 이성이 매우 발달해 있고, 어떤 사람은 이성을 외면한 채 살아갑니다.

이성보다는 감정이 앞서는가 하면, 욕구나 욕망의 힘이 강한 경우도 많습니다. 따라서 이성을 굳건히 세우는 훈련이 필요하며, 이성의 깊이와 폭을 넓히는 작업도 해야 합니다.

이성은 특정한 사상이나 철학이 아닙니다.

이성은 언제나 기존의 나를 고집하지 않으며, 바람직한 대안을 찾아가는 것이지요. 내 속에 수많은 의식으로 만들어진 관념들을 벗어나(초월해서) 냉철하고 현명하게 보는 것입니다.

그렇다면 평소 갖고 있는 이성의 개념에 대해 접근해 볼까요? 어떤 사람이 매우 냉정하고 계산이 분명하며 돈을 밝히는 경우가 있습니다. 이 사람은 과연 이성적인 사람일까요? 아니면 이기적인 사람일까요.

우리는 이성에 대해서도 막연히 생각해 왔으며, 냉정하고 계산 잘하면 이성적이라고 여겼습니다. 그런데 이런 경우는 이성적인 사람이 아니라 돈에 붙잡혀 있는 욕망적인 사람인 것이지요. 얼핏 보면 이성적인 느낌이 들지만, 이성보다는 욕망이 앞서는 것으로 봐야 합니다.

일반적으로 대중이 인식하는 이성은 자신만의 관념이나 철학을 기준으로 옳고 그름을 분별하는 것으로 여깁니다. 그러나 진정한 이성이란 기존 관념의 틀에서 분별하는 게 아니라, 그마저 넘어서서 보다 새롭고 바람직한 것을 찾아가는 것을 의미합니다. 그래서 '초월적 이성'이라 표현합니다.

초월이란 들어오고 나감이 자유로운 것입니다.

우리는 집 안에 있다가 밖으로 나갈 수 있고, 밖에서 문을 열고 들어올 수도 있습니다. 그렇게 들고 남이 자유로운 경지가 초월이지요. 만일 문이 없어서 들어오고 나가기가 불가능하다면 자유로울 수 없습니다.

초월적 이성이란 끊임없이 더 바람직한 길을 찾아가는, 무엇에도 묶이지 않는 자유로운 마음 상태를 의미합니다. 열린 마음으로 현실을 보고 세상을 보는 것이지요. 지금의 나를 고집하는 것이 아니라, 더 현명한 시각의 나를 찾아가는 것입니다. 그럴 때 초월적 이성이 힘을 갖게 됩니다.

대부분 사람은 초월적 이성을 세우기보다 습관적인 생각과 감정, 욕구에 끌려다니는 경우가 많습니다. 당장의 불쾌감이나 질투심, 뭔가 사고 싶은 욕구에 쉽게 끌려가지요.

당장에 일어나는 감정이나 욕구는 낡은 옷처럼 몸에 익숙합니다. 그 대신 초월적 이성은 새 옷처럼 낯선 느낌이지요. 분명 좋은 줄 알지만 낯설기에 익숙한 감정이나 욕구에 끌려가는 것입니다.

이성을 세우고 냉철하게 판단한다고 해서 아무 감정도 느끼지 않는 건 아닙니다. 모든 감정이나 욕구를 배제하라는 말이 아니에요. 오히려 기쁠 때 더 기쁘고, 슬플 때 깊은 슬픔을 느끼기도 합니다.

다만 그런 감정에 마냥 끌려다니는 것이 아니라, 자유롭게 일으키고 거둘 수 있다는 뜻이지요. 내가 내 마음을 다스리고 주도하는 것입니다. 내게서 일어나는 어떤 현상에도 묶이지 않음을 의미하지요.

백과사전에서 정의한 이성을 봐도 얼마나 인간다운 기준을 잘 설정해 놨는지 알 수 있습니다. 백과사전은 인류가

보편적으로 갖는 정신적 가치의 총체입니다. 거기에서 정의한 이성이 정말 인간을 인간답게 하는 것임을 알 수 있거든요. 초월적 이성이 제대로 서게 되면, 마음의 온갖 현상에서 벗어날 수 있습니다.

백과사전에서 정의한 이성이란?

- 개념적으로 사유하는 능력.
- 옳고 그름, 선과 악, 미와 추 등을 끊임없이 옳고 바르게 분별하고 판단하는 능력.
- 내면으로부터 솟구치는 정념과 욕망을 통제, 제어하는 능력.
- 이성이란 동물과 대별되는 인간만의 특질이다.

우울과 무기력이 찾아오는 이유

인간은 감정의 동물이고 욕망의 덩어리이기도 합니다.

하나의 감정이 일어날 때 그것은 언제나 정당성을 갖게 됩니다.

하나의 욕망이 일어날 때 역시 언제나 그럴듯한 이유를 만들지요.

우리는 하루에도 수없이 감정을 일으키고 욕구와 욕망에 시달리며 살아갑니다.

나도 모르게 불쑥 성욕이 일어나는가 하면, 길 가다가 상점에 진열된 명품 가방이나 속옷에 구매 욕구를 일으킵니다. 멋진 외제 차가 지나가면 그 안에 탄 사람이 궁금하고 부럽기도 하고요. TV 드라마에 나오는 대저택이나 화려한 실내 인테리어를 보며 황홀해하기도 합니다.

상류사회를 배경으로 하는 드라마를 보다가 현실을 보면 너무 초라하고 시시해서 삶에 대한 불만이 커집니다. 나는 아무리 해도 상위 1퍼센트에 들기가 어려우니까요. 그래서 점점 불행한 느낌이 짙어집니다.

뭔가 갖고 싶은 욕구가 생기거나, 무언가 되고 싶은 욕망이 일어날 때 어떻게 해야 할까요? 그저 막연히 억누르며 참으면 해결이 되나요? 그냥 외면한다고 사라질까요?

초월적 이성의 시각을 훈련해 보세요.

과거의 타성대로 판단하는 것이 아니라, 새로운 관점을 찾아보는 것입니다. 내 속에서 감정이나 욕망이 일어날 때는, 그것을 일으키는 어떤 특정 의식이 내면에 있습니다. 그래서 그 의식이 바람직한지 아닌지 살피고 찾아보는 것이 필요합니다.

평범한 직장 생활을 하는 삼십 대 여성이 있습니다. 그녀는 우울과 무기력으로 많은 스트레스를 받고 있었는데, 그녀에게 내재된 스트레스 원인을 찾아보니 비현실적 기대가 크고 황당하다는 것을 발견했습니다. 가령 자신이 직장 일

외에 유튜버가 돼서 50억 원을 벌겠다는 식의 발상인 것이지요. 그것도 구체적인 실행 계획이 없이 막연하게 욕심만 부리고 있었습니다.

그녀는 어릴 때 홀어머니와 가난하게 살면서 삼 형제의 맏이 노릇을 해야 했습니다. 그래서 늘 돈을 많이 벌어 가족을 행복하게 해 주고 싶다는 갈망이 컸던 겁니다. 문제는 현재 여건에서 직장 월급이 2백만 원 남짓한 상태이니 그 이상의 수입이 불가능한데, 그런 현실에 불만만 가질 뿐 대안이 없었습니다. 거기에 자신의 얼굴이 예쁘지 않고 작고 뚱뚱하다는 등 외모를 문제 삼으며 툭하면 자기 비하를 일삼았지요.

당장에 키를 늘일 수 없는 일이고 수입이 많아질 리 없는데, 현실에서 불만과 욕심만 가득하니 우울할 수밖에요. 가족이 행복해지는 데 경제력도 중요하지만, 자신의 건강한 생활 또한 현명한 기여인데 거기까지 생각이 못 미치는 겁니다.

이런 경우 비현실적 기대로 인한 스트레스를 받게 되겠지요. 현실에서 노력은 하지 않은 채 부족감에 시달리며 이성적 판단을 못할 때의 현상입니다.

똑같은 일을 해도 어떤 사람은 즐겁게 하고 어떤 사람은 의미를 못 가지며, 똑같은 직업을 가져도 어떤 사람은 불행하고 어떤 사람은 행복한데요. 그 원인을 들여다보면 어떤 차이가 있을까요?

여러 가지 배경이 있을 수 있으나, 크게 보면 욕구의 차이라고 할 수 있습니다. 욕구는 그저 단순한 욕구(탐욕)가 있는가 하면, 나를 살리는 욕구(활욕)가 있습니다.

사람은 누구나 적절한 욕구와 욕망을 갖고 살아갑니다. 욕구가 없다면 무생물 같은 존재가 되겠지요. 그만큼 욕구는 생존을 위해 필요한 것이기도 합니다. 먹고 싶은 욕구, 잠자고 싶은 욕구, 멋지게 살고 싶은 욕구 등…….

실제로 이 우주는 욕구로 가득 차 있습니다. 그러니 소우주인 사람도 마찬가집니다. 다만 내가 가진 욕구가 탐욕인가 활욕인가 살펴야 합니다. 탐욕이란 무리하게 탐하는 욕구입니다. 탐욕은 자기와 함께 주변까지 망치는 욕구라 할 수 있습니다. 반면에 활욕이란 자신을 살리며 동시에 주변도 살아나게 하는 바람직한 욕구입니다.

탐욕은 비현실적이며 무리한 욕구이고, 활욕은 현실적이며 노력하면 이룰 수 있는 긍정적 욕구입니다. 같은 일도 탐욕으로만 덤비면 불만이 생기고 힘들어지지요. 그러나 '활욕'일 때는 다릅니다. 활욕은 나를 활기차게 살아나도록 해 주는 것이니까요.

초월적 이성이란 탐욕을 활욕으로 전환시키며 사물의 분별을 현명하게 할 수 있도록 합니다. 무엇보다 과거의 관념 통념에 묶인 판단이 아니라, 새롭고 바람직한 판단으로 나를 깨우며 관념에서 자유로워지는 것이지요.

바람직한 명상은 초월적 이성을 세우는 데 매우 효과적입니다. 그런데 일반적으로 명상에 대한 잘못된 개념 중 하나가, 명상을 하면 마음이 평온해진다는 것에만 초점을 맞추는 것입니다. 그래서 명상할 때 오로지 마음이 평온해지기만 바라며 하게 되지요.

한데 그렇게 하면 명상할 때만 평온하고, 명상이 끝나면 다시 내면의 현상들로 흔들리고 맙니다. 별로 생산적이지 않은 명상을 할 때 그렇습니다.

명상할 때 마음이 평온해지는 데만 초점을 맞추는 것은 마치 불순물이 가득 담긴 물병을 가만히 두어 가라앉혔다가, 건드리면 다시 불순물이 일어나며 혼탁해지는 것과 같습니다.

그게 아니라 불순물 자체를 정화할 수 있는 장치가 필요한데 그게 바로 '초월적 이성'입니다. 초월적 이성이 세워지면 어떤 감정이나 욕망이 일어도, 이성이라는 필터를 작동시켜서 일깨워 갈 수 있습니다. 그래서 바람직한 명상은 초월적 이성의 확립에 비중을 둡니다. 초월적 이성이 세워지면 마음이 안정적으로 유지되며, 의식이 성장하고 성숙해집니다.

욕구와 욕망을 승화시킬 때

삶이 더욱 활력을 얻고 건강해집니다.

감정이 원하는 방향이 아닌 내 삶에 유익한 방향으로

일상생활에서 일어나는 다양한 감정들에 대해 어떻게 이해하고 있나요? 자신의 감정을 적절히 다스리고 있습니까? 아니면 제멋대로 날뛰고 있나요.

누구나 사랑의 감정에 빠질 때 정신 차리기 어렵다는 것을 압니다. 때로 황홀하고 짜릿한가 하면, 고통스러운 갈등이 일어나기도 하지요. 사랑하는 사람과 함께 있을 때면 온 세상을 다 가진 듯한 착각에 빠집니다. 서로의 체온을 느끼며 따스한 눈빛이 오갈 때 천국이 따로 없지요.

물론 그런 짜릿함이 오래가지는 않습니다. 우주의 이치에 따르면 마냥 그럴 수 없습니다. 이 세상에 영원히 변치 않는 건 없으니까요. 모든 것은 언제나 변하게 돼 있습니다. 그래서 사랑에 균열이 일어나고 갈등이 생기면, 이번에도 역시 그 괴로움과 미움의 감정으로 인해 잠을 못 이루게 되지요. 사랑이 변질되는 모습이 고통스러우니까요.

사랑의 감정이든 미움의 감정이든 우리를 정신 못 차리게 하는 건 마찬가집니다. 질투심, 증오, 배신감, 회한이나 원망…… 수많은 감정의 요소들이 나를 지치게 합니다. 이런 감정들을 어찌해야 하나요.

이것을 그대로 인정하고 표현하면 바람직할까요? 아니면 내가 능숙하게 다스리며, 일으키고 거두기가 자유로워야 할까요.

감정이 일어나는 배경에는 반드시 심층의식이 존재합니다. 이때 어떤 의식이 자극을 받아서 생기는 현상이 감정이 됩니다. 그리고 그 의식은 자기감정이 당연하다 여기며 그 감정 상태를 유지하려 하지요.

미움의 감정이 일어날 때 그 결과는 어떻습니까. 누군가 미워지면 점점 미움이 커지면서 나중에는 그 사람 곁의 다른 사람까지 미워집니다. 처음에는 한 명이 미워지다가 점점 미움이 번지게 되는 겁니다. 결국에는 온 세상이 다 미움으로 채워져서 빠져나오기가 어려워지죠. 이런 경우는 관련 무의식에 접근해서 개선해야 합니다. 그렇지 않으면 억누르고 참다가 지칠 뿐입니다. 나중에는 더 크게 터져 나와 분노 조절 장애가 될 수도 있지요.

내 속에서 일어나는 감정은 내가 다스릴 수 있어야 합니다. 좋은 감정이든 나쁜 감정이든 마찬가집니다. 스스로 주도권을 가지고 다스려야 합니다. 아무리 비싼 외제차를 탄다 해도 차가 제멋대로 달린다면 문제가 되겠지요? 그러니 감정이 원하는 방향이 아니라 내 삶에 유익한 방향으로 가도록 해야겠지요.

인간은 감정의 동물이기도 합니다. 감정이라는 것은 수시로 일어나게 돼 있습니다. 그런데 이것을 적절히 다스리지 못하면 삶이 괴로워집니다.

의식 세계의 매커니즘

어떤 감정 전문가는 이렇게 말하더군요. 실연을 당했을 때 연인의 문제점이나 단점을 떠올리라고요. 한때 사랑했던 사람을 잊을 수 없을 때 그렇게 하라는 거지요. 그의 화내는 얼굴을 떠올리거나 화장실에서 변비로 끙끙대는 모습을 생각하면 쉽게 잊을 수 있다고 말합니다.

그런데 좀 웃기지 않습니까. 어쩌면 그런 방법이 또 다른 감정을 유발할 수 있는데요. 상대방을 비아냥거리거나 냉소적인 감정이 생길 수 있습니다.

이런 종류의 감정은 그와 유사한 또 다른 감정을 끌어오기도 합니다. 주변의 타인을 볼 때 자꾸 문제점을 찾으려 한다든지, 세상을 냉소적으로 바라본다든지 말이지요. 이것 또한 나를 부정적으로 만들기에 이런 방법은 권하고 싶지 않습니다.

그보다는 담담하게 내 감정을 다스리는 방법이 훨씬 생산적이며 삶에 이롭습니다. 심층의식(무의식)에서 올라오는 부정적 기분이나 감정들은 대체로 살아온 과정에서 나도 모르게 만들어진 어리석은 관념 의식의 반응이자, 상처 입은 의식이 작용하는 결과입니다.

긍정적인 감정이야 상관없지만, 나를 힘들게 하는 감정을 방치해서 좋을 리 없습니다. 불필요한 감정은 빠르게 정리하고 개선할 수 있어야 합니다. 그래서 마음이 늘 쾌적하게 하는 편이 건강에도 좋고요.

이제까지 세상에 알려져 있는 다수의 명상이나 마음공부

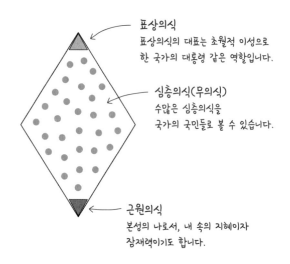

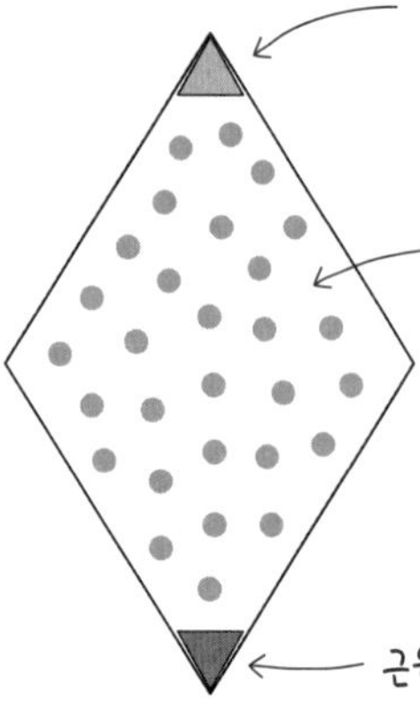

표상의식
표상의식의 대표는 초월적 이성으로
한 국가의 대통령 같은 역할입니다.
심층의식(무의식)
수많은 심층의식을
국가의 국민들로 볼 수 있습니다.
근원의식
본성의 나로서, 내 속의 지혜이자
잠재력이기도 합니다.

에서는, 무의식적으로 올라오는 기분과 감정을 어떻게 다스려야 하는지 애매하게 설명했습니다. 그래서 분명히 어떤 자극으로 인해 기분이 가라앉고 화가 치밀고 우울한데, 이들을 어떻게 접근해서 해결해야 할지 막연했습니다. 세상에 수많은 감정 이론서와 심리 이론이 난무하지만, 어느 것 하나 명쾌하게 접근해 보이지 못합니다.

그도 그럴 것이 마음이라는 세계가 도무지 손에 잡히지 않고 보이지 않으니, 어디에서 어떻게 접근할지 엄두가 나지 않는 것입니다. 해서 마음공부를 '길 없는 길'이요 '문 없는 문'이라 했습니다.

길이 보이지 않는 것은 당연하고, 어디가 문인지도 알 수 없다는 뜻입니다. 그러니 어디로 들어가서 어떻게 접근해야 할지 모르게 되지요.

세상에는 온갖 심리 전문가와 별의별 이론이 난무하지만, 아쉽게도 대부분 드러난 기분 감정에 초점을 맞춰서 문제를 해결하려고 합니다. 그렇게 해서는 기분과 감정을 다스리기가 어렵습니다. 그저 참고 억누르거나 그대로 드러내는 정도에 불과하지요.

이제는 드러나는 기분과 감정에 초점을 맞출 게 아니라, 부정적 기분과 감정을 일으키는 내면 의식에 초점을 맞춰야 합니다. 특히 어떤 감정이 일 때는 반드시 심층의식에 감정을 일으킨 나만의 관념이나 의식이 있다는 뜻이거든요. 해서 이 의식을 찾아 치유하고 개선하면 자연스레 다스려지며 일어나지 않게 됩니다.

또 하나, 감정을 유발하는 패턴도 분석해 볼 필요가 있습니다. 습관적으로 화를 내거나 우울감에 빠진다면, 그 패턴 자체에 변화를 주는 것이 바람직합니다. 그러기 위해 심층의식에 대한 섬세한 접근이 필요하고요.

3부에서는 의식 세계 메커니즘을 정립해서 배울 수 있습니다. 차근차근 접근하며 훈련해 보세요.

긍정적인 의식 키우기

심층의식 속에 헤아릴 수 없는 의식의 자아들은 대개 관념과 욕구의 자아들입니다. 이들 각각이 소(小)자아들이지요. 즉 작은 '나'들이라 할 수 있습니다. 예로부터 인간을 소우주라고 한 이유는, 우주에 마음이 있다면 그 우주의 온갖 마음이 내 속에 존재한다는 뜻입니다.

백합처럼 고결한 나도 있고, 때로 하이에나 같은 나도 있습니다. 개중에는 바람직한 의식도 있지만 부정적이고 어리석은 의식도 많은 것입니다. 이런 심층의식 자아들이 외부나 내부 자극을 받으면 표상으로 드러나 인식을 하게 됩니다. 생각, 기분, 감정, 욕구, 욕망으로 드러나는 것은 심층의식들 중에도 힘 있는 의식의 주장이 되는 거지요.

이들의 주장을 통섭*하고 다스릴 주체가 있어야 합니다. 만일 통섭할 주체가 없다면 나는 수많은 생각과 욕구, 욕망에 끌려다니게 됩니다. 그렇게 해서는 삶이 행복할 수 없지요.

전체를 통섭하고 다스리는 주체가 바로 초월적 이성입니다. 온갖 의식의 '나'를 초월적 이성이 주체가 돼서 다스려야 하는데, 이것을 거대한 우주에 비할 수 있으나 하나의 국가처럼 상정해 볼 수 있습니다. 나의 마음을 복잡한 국가의 구조에 빗대어 보는 것이지요.

하나의 국가를 구성하려면 영토와 국민, 정부가 있어야 합니다. 나도 몸이라는 영토가 있고 수많은 의식의 국민들이 있습니다. 선량한 의식의 자아들이 있는가 하면, 강도나 사기꾼 같은 부정적이며 불량한 자아들도 있기 마련입니다. 그리고 이를 다스리는 정부가 표상의식인데, 표상의식의 대표 격이 바로 초월적 이성(理性), 즉 이성이 대통령이 됩니다.

한 국가가 잘 살기 위해서는 대통령인 이성이 얼마나 깨어 있는가가 중요합니다. 대통령인 이성이 제대로 서 있지

* 서로 다른 것을 한데 묶어 새로운 것을 잡는다는 의미.

않기도 하니까요. 대통령이 문제가 많아서 나라가 망하기도 합니다.

내 마음의 국가도 마찬가집니다. 대통령인 초월적 이성이 깨어 있으면서 바람직한 판단을 해야, 마음이 안정되고 일상생활이 원만할 수 있습니다. 반면에 이성이 아무런 힘을 못 쓰고 어리석은 관념이나 욕망 감정이 대통령 행세를 하면 나라가 어떻게 되겠습니까. 민심은 혼란스러워지고 강도나 사기꾼 같은 의식들이 기승을 부리게 되겠지요.

혼란스러운 마음의 국가를 다스리기 위해 현명한 이성(대통령)이 중요하며, 대통령이 현명해야 바람직한 정책을 세우고 장관들도 잘 임명할 수 있습니다. 긍정적이고 미래 지향적인 의식을 크게 키우고, 부정적 의식은 개선하고 계발해 줘야 합니다. 한 나라가 평화롭고 행복해지려면 그만큼 대통령의 정신이 중요한 것처럼, 내 마음의 국가도 마찬가집니다.

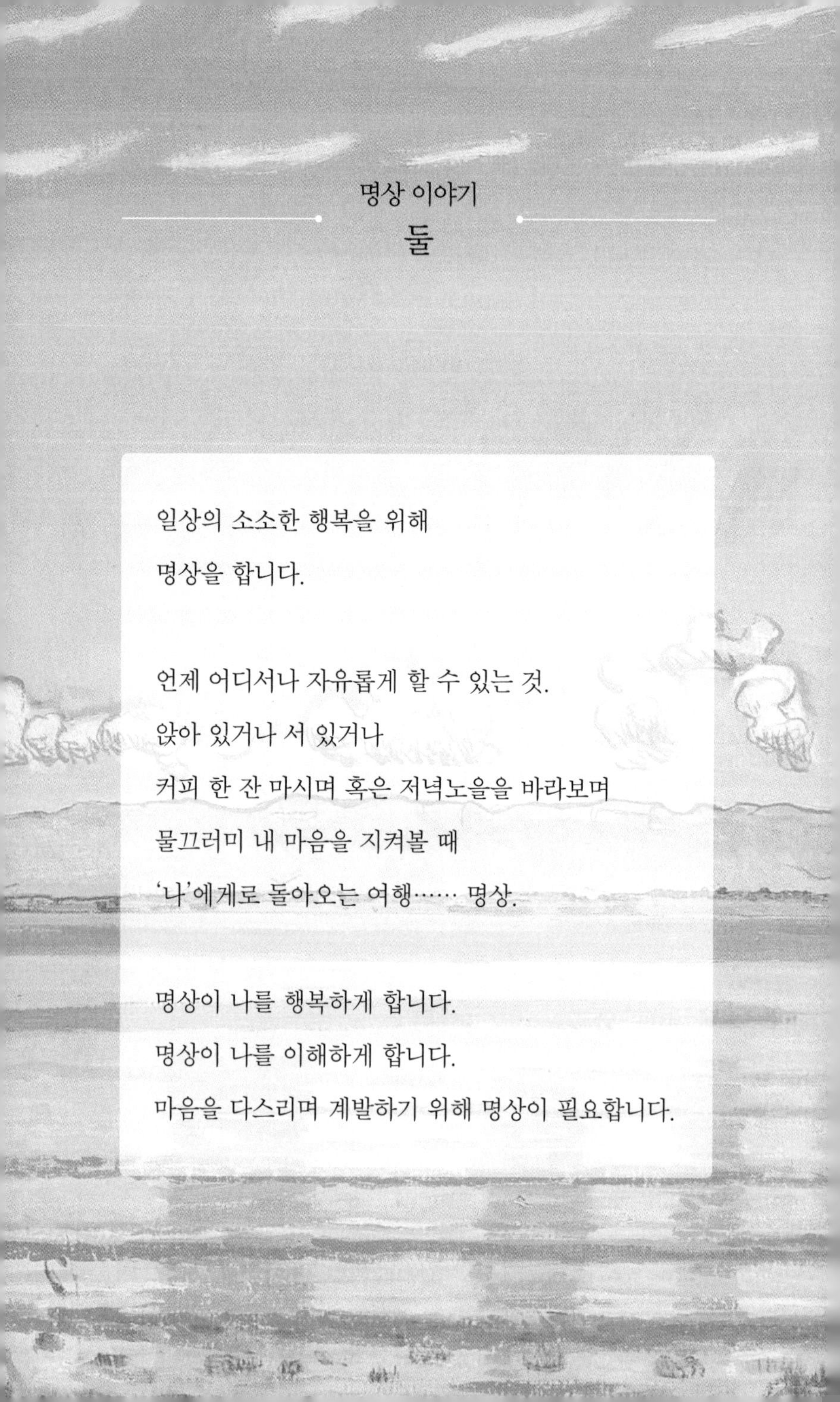

명상 이야기

둘

일상의 소소한 행복을 위해
명상을 합니다.

언제 어디서나 자유롭게 할 수 있는 것.
앉아 있거나 서 있거나
커피 한 잔 마시며 혹은 저녁노을을 바라보며
물끄러미 내 마음을 지켜볼 때
'나'에게로 돌아오는 여행…… 명상.

명상이 나를 행복하게 합니다.
명상이 나를 이해하게 합니다.
마음을 다스리며 계발하기 위해 명상이 필요합니다.

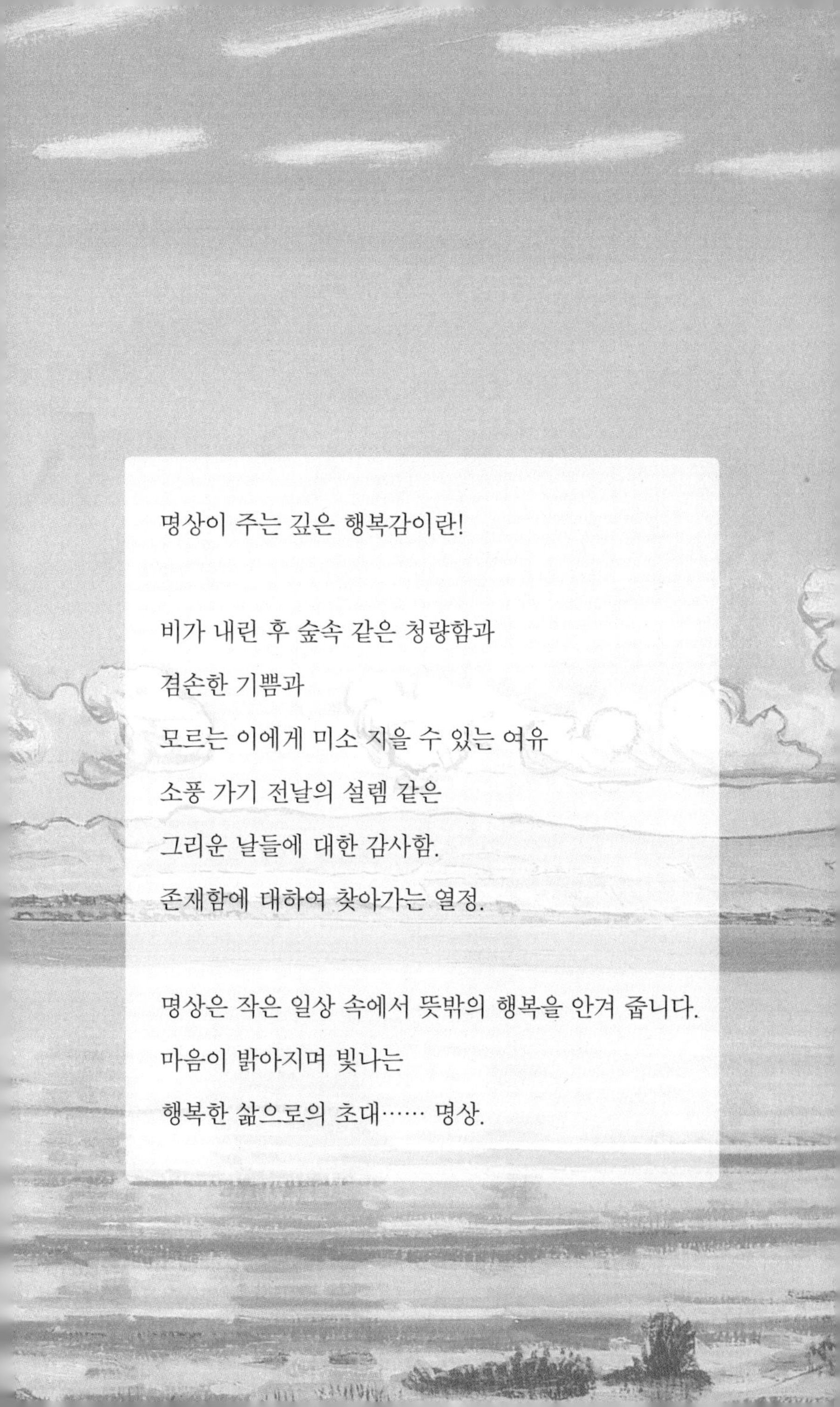

명상이 주는 깊은 행복감이란!

비가 내린 후 숲속 같은 청량함과
겸손한 기쁨과
모르는 이에게 미소 지을 수 있는 여유
소풍 가기 전날의 설렘 같은
그리운 날들에 대한 감사함.
존재함에 대하여 찾아가는 열정.

명상은 작은 일상 속에서 뜻밖의 행복을 안겨 줍니다.
마음이 밝아지며 빛나는
행복한 삶으로의 초대…… 명상.

3부

부정을 차단하고 긍정으로 전환하는 법

문제의 원인부터 찾기

우리는 의식적으로 또는 무의식적으로 수많은 생각을 하며 살아갑니다. 때로는 원치 않는 생각이 반복적으로 일어나기도 합니다. 노래 한 소절을 흥얼거리면, 나중에는 내가 거부하고 싶어도 계속 반복해서 노랫말이 떠오를 때가 있지요.

밤새 생각에 시달리며 잠 못 이루는 때도 있습니다. 생각은 매우 집요하고 끈질기게 일어납니다. 그래서 이놈의 생각을 어떻게든 끊어 버리고 싶은데 그게 어렵지요. 결국 생각 끊기를 포기하고, 밤새 이 생각 저 생각에 끌려다니다 지치고 맙니다.

생각은 내가 일으키기도 하고, 절로 일어나기도 합니다.

내가 일으키는 건 어떤 사안에 대해 정리가 필요할 때 '스스로' 하는 것입니다. 가령 김치를 담그기 위해 젓갈을 사야 하고 소금이 필요하고, 냉장고에 마늘이 있는지…… 이것이 내가 스스로 생각을 전개하는 경우입니다.

반면에 내가 원치 않아도 계속 일어나는 생각이 있습니다. 생각하고 싶지 않은데 생각나니 귀찮고 피곤하지요. 그런데 자꾸 떠올리게 되고 생각하게 됩니다. 또 그 생각에 빠져들면 들수록 마음이 힘드니 이것이 문제입니다.

과거 괴로운 상황이 자꾸 떠오르는 경우가 있습니다. 사랑하는 어머니가 교통사고로 세상을 떠나고, 그 상황을 받아들이지 못하는 아들이 있는데요. 평소 자식 노릇을 제대로 못했다는 후회와 함께, 돌아가신 어머니에 대한 안타까움으로 인해 불면에 시달리는 것입니다. 밤낮으로 죽은 이를 생각하며 괴로워하니 꿀잠을 잘 수가 없지요.

평소 믿었던 사람에게서 배신을 당해도 마찬가지로 자꾸 생각이 납니다. 그가 왜 그랬을까? 어쩌면 사람이 그럴 수 있지? 내가 어떻게 했어야 하는가 등등. 돌이킬 수 없는 과거의 편린들이 밤마다 떠오릅니다. 속상한 일, 분하고 원통한 일, 오해로 인한 이별의 아픔 등. 한번 생각에 붙잡히면 떨쳐 버리기 힘든 경우가 많습니다.

잡생각 일어나는 마음 관찰하기

생각이란 두뇌의 '선택적 주의 집중[※]'에 따라 작동됩니다. 배고플 때 길을 가면 식당만이 눈에 들어오지요. 옷 가게나 보석상은 별로 시선을 끌지 않습니다. 방을 구할 때는 공인중개소만 살피게 되지요. 다른 가게들은 그냥 지나치고요. 이렇게 '선택적 주의 집중'에 의해 생각이 일어나면서, 또 다른 연상 작용의 특성으로 줄줄이 이어집니다.

이를테면 첫눈이 내릴 때 문득 옛사랑이 생각납니다. 사랑하던 사람이 떠오르면서 그와 함께 포장마차에서 소주 한잔하던 때가 그립고요. 그러면서 그가 선물한 머플러가 생각나고, 그와 함께 거닐던 강릉 바닷가가 떠오르지요.

하나의 생각이 꼬리에 꼬리를 물면서 이어지는 경향을 갖습니다. 그러다가 마지막에는 씁쓸한 이별의 장면까지 생각나면서 후회스런 감정이 일어나고 맙니다.

※ 기능적 가치가 큰 자극이나 목표와 관련된 자극에 주의를 집중하고 그 이외의 자극을 무시함으로써 주의 집중을 하는 것이다.

가만히 있으면 수많은 생각과 감정이 올라오기에 이걸 치우기 위해 몹시 애를 먹게 됩니다. 바쁘게 하던 일을 멈추고, 또는 잠을 자려 하거나 가만히 있으면 수많은 생각이나 감정이 올라옵니다.

이는 자연스런 현상으로, 내면에 정리되지 않은 의식들이 정리해 달라고 주장하는 것이지요. 이런 현상이 잡생각처럼 드러나는데 이것을 힘들어합니다.

어떤 사람은 잠시도 가만있지 못하고 뭐라도 하려 합니다. 가만히 있으면 안 좋은 생각에 괴로우니 이 생각을 피해 다른 것에 집중하는 겁니다. 그러다 보면 항상 불안하고 뭔가 쫓기는 느낌을 갖게 되지요.

나도 모르게 불쑥불쑥 떠오르는 생각은 과거에 형성된 심층의식의 결과물입니다. 이것은 정리를 요구하는 메시지로 봐야 합니다. 내 속에 정리되지 않은 의식들이 제발 정리해 달라고 요청하는 거지요. 후회나 원망, 뭔가 감정의 찌꺼기가 남았을 때 자꾸 생각나기 마련이에요.

한데 우리는 명상을 한다 하면서 생각이 끊어지기만을 바랍니다. 아무런 생각이 일어나지 않도록 하려고 애쓰지요. 그래서 어설프게 명상하는 경우 잡생각 때문에 명상이 안 된다고 투덜댑니다. 그러고는 잡생각이 사라진 고요한 자리만 찾으려 합니다. 생각을 정리하고 마음을 다스려야 하는데 오히려 다른 것에 집중하는 거지요.

명상한다고 앉아서 특정한 것에 집중을 하다 보면, 이 또한 두뇌의 '선택적 주의 집중'으로 다른 생각들이 수면 아래 묻히고 맙니다. 이는 내면의 생각들과 주장이 떠오르지 못하게 강제로 억압하는 방법인데요. 그러면 잠시는 아무 생각 없이 편안한 것을 느끼나 별 효과는 없습니다.

결국 생각을 일으키는 의식들은 호시탐탐 드러날 때를 기다리며, 조건만 되면 다시 잡생각으로 드러나서 괴롭히게 됩니다.

명상은 생각을 끊거나 잊어버리기 위한 것이 아닙니다.

오히려 생각을 일으키는 의식을 찾아 개선하고 치유해야 합니다. 무의식 깊숙한 곳에 어떤 상처나 후회로 얼룩진 의식이 있다면 이를 찾아 정리해야 하지요. 마치 그늘진 곳에 핀 곰팡이를 밝은 햇볕으로 끄집어내어 음습한 것을 해결하는 겁니다. 마음을 지그시 관조합니다. 그리고 눈을 감고 두어 번 정도 심호흡을 하고 나서 '나'의 일상을 살펴봅니다. 이때는 '나'의 생각, 기분, 감정, 욕구 등을 주장하지 않습니다. 이를 주장하면 그것에 가려 깊은 마음의 뜻을 알 수 없게 됩니다. 이렇게 마음과 일상을 관찰하는 것만으로도 부정적 기분과 감정이 완화됩니다.

그렇게 몇 번 개선과 치유를 하면 다시 그 생각에 시달리지 않게 됩니다. 설령 떠오른다 해도 별반 괴롭지 않아요. 담담히 지켜보다가 어느 날 멀어지게 됨을 느끼고 마침내 괴로움이 정리됩니다. '나'를 괴롭히는 생각과 원인 그리고 감정을 버리거나 외면하려 하면 잘 안 됩니다. 그것을 찾아 밝은 볕으로 끄집어내어야 합니다.

명쾌한 판단은 어떻게 내릴까

생각으로부터 자유로우려면 내가 생각의 주인이 돼야 합니다. 생각을 마음대로 일으키고 거둘 수 있어야 하는 거지요. 그런데 우리는 생각의 주인이 되기는커녕 종이 되고 맙니다. 제멋대로 일어나는 생각에 끌려다니며 괴로워하지요. 이제 내가 생각의 주인이 되는 방법을 찾아봅시다.

생각의 주인이 되기 위해 먼저 필요한 것은 명쾌한 판단과 분명한 결정입니다. 어떤 사안에 대해 모호한 판단이나 우유부단한 결정이 되면 이게 잘 정리가 안 되면서 생각의 종이 되기 쉽지요.

가령 내일 애인을 만날까 쇼핑을 할까 갈등이 생길 때 명쾌한 판단을 내리는 것이 좋습니다. 분명하게 생각을 정리할 필요가 있어요. 그리고 이를 중심으로 행동을 추진해 가는 겁니다. 물론 중간에 수정이 가능할 순 있습니다. 인생이란 늘 변수가 존재하니까요. 하지만 수정하기 전에는 정리된 생각의 방향으로 가 보세요.

만일 쇼핑 대신에 애인을 만났는데 불편한 일이 발생해도 이조차 넉넉하게 받아들일 필요가 있겠지요. 애인이 안 좋은 얘기를 하기도 하고, 갑자기 차가 고장 나서 난감할 수도 있습니다. 설령 그럴지라도 자기 판단을 후회하지 마세요.

우리는 어떤 판단을 스스로 내리고 결정하는 데 소극적인 태도를 보입니다. 혹시나 잘못된 판단이 아닐까 염려가 되는 것이지요. 한데 이런 경우는 자기 판단에 대한 여유와 넉넉함이 부족하거나, 지나치게 주변 눈치를 볼 때 일어나는 현상입니다. 평소 자신을 믿지 못하고 주변을 의식하다 보니 명쾌하게 판단하고 결정하지 못하는 것입니다. 그러면서 난처한 상황이 발생할 때 자책하며 후회하게 되지요.

'거봐. 이럴 줄 알았어. 역시 난 안 돼!'
'괜히 이런 결정을 해서 힘들어지고 말았어. 바보같이…….'

예측과 빗나가는 상황이 발생하면 으레 후회하고 속상해하며 자신을 책망합니다. 이것이 반복되다 보면 점점 우유

부단해지고 나중에 '결정 장애'가 생기기도 합니다. 뭔가 결정할 때 머뭇거리게 되고 자신감이 없어지지요. 그런 결정 장애가 또한 수많은 생각을 낳으면서 잠 못 이루게 합니다.

따라서 일단 어떤 선택이든 명쾌하게 할 필요가 있습니다. 그리고 설령 결과가 안 좋을지라도 그조차 담담하게 받아들일 수 있어야 합니다. 언제나 내 판단과 결정이 맞을 순 없겠지요. 세상일이 변수가 많은 만큼 내 판단이나 결정이 틀릴 수 있습니다. 이것을 자연스런 현상으로 보세요. 나만 왜 이러지, 하지 말고요. 그러니 먼저 명쾌하게 판단하고 진행하면서 상황을 보며 수정해 가는 것입니다.

내가 몇 번 판단하고 결정한 것이 잘못됐다고 해서, 그다음에도 판단을 내리지 않으면 더 어려운 결과를 낳을 수 있습니다. 그러니 판단이나 결정 없이 어떤 일을 만나느니, 판단하고 실천해 가며 오류를 개선하는 것이 바람직합니다.

성공하는 데 필요한 것

"아니, 그러면 사업하다가 잘못 선택해서 실패해도 담담해야 합니까?"

이렇게 물을 수 있습니다.

이때 대답은 "네!"입니다.

얼핏 무책임하게 느껴질 수 있으나 다시 생각해 보세요. 물론 사업의 실패로 손실을 보고 고생하는 것이 그리 유쾌한 일은 아닙니다. 금전적으로나 마음이 매우 힘들겠지요. 그런데 인생을 가만히 들여다보세요. 하나의 성공을 이루기 위해 얼마나 큰 노력이 필요한지를. 하나의 성공을 위해서는 수백 가지 실패가 따르고 노력이 따르게 돼 있습니다. 단번에 성공하면 좋겠지만 그런 경우는 극히 적으니까요.

대부분 사람은 성공 전에 반드시 수많은 실패와 좌절을 겪더군요. 실은 성공을 위해 실패와 좌절을 견디는 힘이 필요합니다. 실패가 성공의 어머니라는 말처럼, 성공하려면 수많은 실패가 필요하다는 뜻이지요.

성공하는 데 필요한 것은 실패에 대한 부정이 아니라, 실패를 딛고 일어서는 담담함과 용기입니다. 그런 사람이 결국에 성공할 수 있습니다. 자기 자신을 신뢰하며 끊임없이 도전하고 일어설 때 성공합니다. 이게 성공의 핵심이지요.

대체로 성공한 사업가들은 그렇게 말합니다. 자신이 과거 실패했던 경험이 나중에 큰 도움이 되었다고. 만일 그 실패가 없었다면 큰 성공을 거두지 못했을 거라고 합니다.

실패하면 안 된다는 강박에서 벗어나기

사람들은 살아가며 수많은 실패와 실수를 경험하게 되지요. 정말 땅을 치며 통곡하는 후회도 있습니다. 그런데 그게 정말 실패로만 끝일까요? 만일 그것을 돌파하는 의지를 내면 더 새로운 길로 성공에 이르지 않을까요.

실패를 두려워하지 않는 사람이 성공합니다. 뭐 조금 뒤처져도 괜찮아요. 봄에 피는 꽃이 있는가 하면, 가을에 피는 꽃이 있기 마련이니까. 굳이 남과 비교하며 열등의식에 싸일 이유가 없습니다.

요즘 젊은 사람 중에 실수나 실패를 하면 안 된다는 강박으로 지나치게 조심하는 경향이 많은데요. 학업이나 취업에서 특히 위축되기가 쉽지요. 그러다 보니 움츠러들고 사소한 것에 눈치를 보며 자기 의사 표현을 어려워합니다. 우리에게는 실수를 기꺼이 인정하는 용기, 실패를 받아들여 분석하고 다시 도전하는 용기가 필요합니다. 그럴 때 삶에 대한 성공이 이루어집니다.

명쾌하게 생각을 정리한다는 것은, 어떤 사안에 대해 스스로 분명하게 마음으로 결정을 내리는 것입니다. 즉, 내 마음의 국가에 초월적 이성인 대통령이 명철한 결정을 하는 것과 같은 모습이지요.

그중에는 반대를 하는 국민이나 야당이 있겠지요. 그렇다고 해서 아무런 결정을 내리지 않으면 어떻겠습니까. 그러면 죽도 밥도 되지 않습니다.

어떤 방향이든 최선을 다해 고려해 보고 나서, 명쾌하게 결정하고 정리하는 편이 좋습니다. 그렇게 하지 않으면 심층의식에서 계속 이 생각 저 생각이 떠오르며 갈등이 일어납니다.

커다란 사안에 대해서는 충분히 생각할 필요가 있습니다만, 작은 사안들은 빠르고 명쾌하게 정리해야 합니다. 그러면 불필요한 생각들로 잠 못 이루는 경우가 한결 줄어듭니다. 그리고 실패를 경험하는 일 또한 줄어듭니다.

부정적 생각을 외면하면 안 되는 이유

누구나 행복한 인생을 원합니다. 그러면서 어떤 실패나 불행의 요소도 없어야 한다고 생각하지요. 늘 건강해야 하고, 부부싸움이 없어야 하고, 애들이 공부 잘해야 하고. 지갑을 잃어버리거나 자동차가 고장 나거나 장사가 안 되는 일이 결코 없어야 합니다.

자신의 인생에서 어떤 어려움도 없기를 바라는 중년 여성이 있습니다. 그녀는 어릴 적부터 안정된 집안에서 곱게 자라 결혼 생활도 무난하게 해 왔습니다. 그러다 보니 자신도 모르는 사이에 조금만 힘들어도 견디지 못하는 연약한 마음이 되고 말았습니다. 시댁 식구들이 한마디만 해도 불편하고, 남편 표정이 안 좋으면 가슴이 덜컹하곤 했습니다.

마음에 어떤 어려움도 없기 바라는 그녀는 누군가의 조

언으로 감사 일기를 쓰기 시작했습니다. 날마다 아침저녁이면 무조건 감사하다는 글을 쓰게 된 거지요.

'감사합니다.' '미안합니다.' '사랑합니다.' '나를 용서하세요.' 하는 식으로 날마다 쓴 것입니다. 수년간 그렇게 썼는데, 그 말처럼 되지 않고 여전히 마음이 불안하고 불편했습니다. 그래서 그녀에게 도대체 무엇이 미안하며 무엇을 용서해야 하는지 물으니 살아온 날들이 다 그렇다고 합니다.

"내가 과거에 잘못하고 실수한 게 많으니까요. 그래서 자꾸 감사 일기를 쓰다 보면 그런 것에서 벗어나게 되고, 우주가 나를 도와준다고 하던데요."

"좀 더 구체적으로 얘기해 보세요. 대체 무얼 잘못하고 실수했습니까?"

"그냥…… 과거에 그렇게 살아왔으니까요……."

아이고, 참. 이렇게 막연히 감사 일기를 쓰는 것이 바람직할까요? 안 쓰는 것보다야 낫겠지만 좀 막연합니다. 이것은 현명하게 나를 성찰하는 것과 매우 다릅니다.

내가 과거에 잘못한 일이 있다면 그걸 제대로 보고 대안을 찾아 의식을 개선해야 합니다. 그래야 잘못이 반복되지 않지요. 그러면서 자신을 격려하고 북돋워야 긍정적 성찰이 가능합니다. 무턱대고 잘못했다 용서해라 하면 해결이 될까요?

아무리 생각으로 미안하다 하고 감사하다고 하면 무슨 소용이 있나요? 마음이 그렇지 않은데요. 마음으로는 술 마시는 남편이 밉고, 싫은 소리하는 시댁 식구들이 불편한데요.

그녀는 자신의 예민함과 부정적 생각은 외면하고 그저 세뇌하듯이 감사 일기를 쓴 것입니다. 그러고는 자기 내면이 바뀌기를 바라는 것이지요.

이런 식의 시도는 노력에 비해 결과가 미흡합니다. 내면의 부정적 생각을 일으키는 의식 자체를 변화시켜야 하는데, 이를 외면하고 마음을 바꾸려 하니 잘 안 되지요.

마음은 이런 식으로 개선되지 않습니다. 보다 구체적이고 과학적인 접근이 필요합니다. 나의 내면에 어떤 부정적 의식이나 어리석은 의식이 깔려 있는지 찾아보고, 이것을 깨우고 성장시키는 과정을 거쳐야 합니다.

똑같은 사물이나 상황을 봐도 긍정적으로 생각하는 사람

과 부정적으로 보는 사람이 다릅니다. 대체로 긍정적인 사람은 한결 포용력이 크고 마음의 여유가 있습니다. 한마디로 마음이 넓지요.

반면에 예민하고 소심하며 부정적인 사람은 감정의 동요가 먼저 일어나게 돼 있습니다. 주변 사람이 조금만 불친절해도 힘들어하고, 잔소리 한마디에 기분이 상합니다.

예민하고 소심한 사람은 살아갈수록 마음이 작아지면서 상처를 받습니다. 마음이 자꾸 작아지니 작은 자극에도 반응하겠지요.

행복하고 싶다면 마음을 키우는 일련의 과정이 필요합니다. 마음이 크고 넉넉하면 그만큼 스트레스가 적습니다. 어지간한 일에 마음이 흔들리지 않으니 그만큼 행복지수도 높아지고요.

기분이나 감정은 이성적 판단을 거쳐서 나오지 않습니다. 기분이 좋을 건지 나쁠 건지 충분히 검토하는 게 아닙니다. 그냥 무의식적으로 기분이 나쁘고, 원치 않는 상황이 발생하면 감정이 일어나게 됩니다. 그래서 때로 그런 감정의 폭발에 당황하기도 합니다. 불쑥 화가 치밀거나 불쾌해질 때, '이러면 안 되는데…….' 하면서도 심층의식에서 터져 나오는 감정은 어찌하기 힘듭니다. 이성으로 통제하려고 해도 쉽지 않은 이유는 감정과 관련된 심층의식의 힘이 이성보다 강하기 때문입니다. 그래서 감정을 억제하는 것만으로는 한계에 부딪히게 돼 있습니다. 그럴 때는 명상을 하며 자신 속에 문제를 일으키는 심층의식을 탐색하고 깨워 발전시켜야 바람직합니다.

다수의 사람이 난관에 부딪히면 상대를 탓하고 문제 삼기는 해도, 자기 마음을 키우는 건 생각하지 않습니다. 그런데 정말 마음 편하게 살고 싶다면 내 마음을 키우는 것이 먼저입니다. 이와 함께 심층의식에 접근해서 부정적 의식을 깨우고 개선할 필요가 있습니다. 그런 의식을 깨우고 개선하면 점차 마음이 밝아지며 커지게 됩니다.

위의 중년 여성의 경우처럼 인생에서 어떤 어려움도 없기 바라는 나약하고 소심한 마음은 부정적 생각을 일으키기 쉽습니다. 인생이란 끊임없는 파도의 연속인데 파도가 없기 바라니 힘들 수밖에요. 차라리 파도타기를 배워 능숙하게 헤쳐 나가는 것이 바람직하겠지요.

인생을 어떤 시각에서 보는가에 따라 부정적 생각이 커지기도 하고 긍정이 커지기도 합니다. 그런데 생각이란 것이 패턴화가 되면, 특히 부정적 생각이 그런 경우에 헤어나기가 힘들지요. 그러니 이제라도 인생이나 상황을 보는 시각을 현명하게 하면서, 부정적 생각이 일어나는 순간 제동을 걸어 긍정으로 전환해 보세요. 그런 노력을 지속하게 되면 점차 생각의 패턴이 바뀌며 긍정적으로 되어 갑니다. 마음을 키우는 과정까지 병행하면 더욱 좋겠습니다.

수많은 실수와 시행착오를 거치며 성공에 이르듯이,

인생 역시 수많은 과정 속에서 아름다워집니다.

내 안에 긍정 끌어올리기

긍정적으로 생각을 하면 풍요를 가져온다고 합니다. 우주의 긍정적 파동에 긍정적으로 반응할 때 그렇다고 하지요. 돈이든 건강이든 내가 긍정적으로 생각을 일으킬 때, '끌어당김'에 의해 온다는 겁니다.

하지만 문제는 무의식의 부정적 생각을 어떻게 해결하는지입니다.

'난 부자가 될 거야.' 혹은 '나에게 좋은 일이 생기고 돈이 들어올 거야.' 주문하며 긍정적인 생각을 해도 깊은 내면에서는 어떻습니까?

'아이고, 웃기지 마. 어림없는 소리! 내가 뭔 재주로 부자가 되겠어.' 혹은 '어차피 이번 생은 망했어.' 하는 식의 생각이 올라옵니다.

내가 아무리 주문을 외도 무의식에서 반발하는데, 의식

과 무의식중에 어느 쪽 힘이 셀까요?

당연히 무의식의 반발이 강력하지요. 그래서 막연한 주문이 무의미하다는 겁니다.

누구나 부와 건강, 행복한 삶을 원하는데 왜 마음이 긍정적이지 못할까요? 그 이유는 심층의식에 깔린 부정적이고 어리석은 의식 때문입니다. 이것을 바로잡아야 진실로 긍정적인 생각이 가능해집니다.

우주의 긍정적 에너지를 끌어당기려면, 먼저 내 마음이 밝아야 하고 감사할 수 있어야 합니다. 마음이 그렇게 움직일 때 생각이 긍정적으로 일어나고, 그제야 비로소 내가 원하는 걸 얻을 수 있지요. 그래서 마음과 의식을 계발할 수 있는 명상이 필요하답니다.

사람들은 누군가의 글이나 말을 듣고는 무턱대고 주문만 외면 된다고 생각하다 지칩니다. 아무리 부자가 될 거라고 스스로 세뇌해도 잘 되지 않으니까요. 그러고는 온갖 명상이다, 자기계발이다, 찾아다니며 수련을 합니다. 하지만 아무리 감사 노트를 적고 주문을 외도 심층의식에 접근하지 못하면 소용이 없습니다. 막연한 바람일 뿐이지요. 그 메커니즘을 제대로 이해하기 전에는 원하는 걸 얻기가 쉽지 않습니다.

그리고 또 하나 간과하지 말아야 할 것은, 별 노력 없이 풍요를 원하는 어리석음입니다. 가령 어떤 무명인이 베스트셀러 작가가 돼서 부자가 되었다면, 그 사람이 오랜 세월 노력한 흔적을 봐야 합니다. 그 사람은 작가가 되기 위해 긴 세월을 훈련하고 수많은 실패를 거듭했을 겁니다. 아무리 뛰어난 작가라도 단번에 글을 완성할 수 있을까요? 그렇지 않습니다.

한데 작가의 숨겨진 노력의 과정은 무시한 채 성공한 모습만 부러워하며 욕심을 냅니다. 합리적인 노력이 빠진 상태에서 성공을 원하는 것은 탐욕이 되며 허망한 결과를 가져옵니다. 또 어떤 사람은 그런 긴 시간의 노력은 회피하면서 '난 안 될 거야.' 낙담하지요. 이런 생각이 바로 부정적 생각의 결과입니다.

"그래도 이렇게 하면 뭔가 우주의 에너지와 연결이 돼서 행운이 따라오는 게 아닌가요? 복권에 당첨되는 사람들은 어째서 그렇게 되는 거지요? 나는 일주일마다 복권을 사도 안 되는데요……."

이런 질문을 받으면 참 난감합니다. 이것은 마치 누구는 대통령이 되는데 난 왜 안 되는가 하고 묻는 것과 같습니다.

물질적 풍요를 누리는 사람들은 저마다 사연이 있습니다. 정말 운이 좋아서 부자가 되는 경우도 있고, 태생이 금수저인 경우도 있습니다. 또 많은 실패와 경험을 쌓은 후에 풍요로움을 누리는 사람도 있고요.

각자 온갖 경험과 조건들이 결합해 풍요를 누리기도 하고 결핍을 겪기도 합니다. 그런데 그 복잡한 과정을 무시한 채 어떤 사람이 백억 원을 벌었다 하며 부러워하지요. 그러고는 나도 그러기를 기대합니다.

우주의 풍요와 행복을 끌어당기려면, 먼저 내 안에 긍정과 밝음을 끌어낼 수 있어야 합니다. 나의 내면이 긍정적이고 밝아야 외부의 풍요와 만나지 않겠습니까. 그런데 무의식 속에서는 내가 못났고 자신이 없으며 만사가 귀찮다면…… 그러면서 어떻게 우주의 풍요를 끌어당길 수 있을까요?

'끌어당김' 이전에 해야 할 것은 '끌어냄'입니다. 내 안에 밝음을 끌어내야 하는 거지요. 그러려면 심층의식에 접근해서 부정적 의식을 개선하고, 긍정의식은 잘 자라나도록 해야 합니다.

내 속에는 부정적 요소도 많지만 긍정적인 것도 많으니까요. 다만 살아오며 이리저리 부대끼다 보니 채 자라지 못한 것뿐입니다.

잡초가 무성한 곳에 멋진 꽃씨들이 묻혀 있다면 어떻게 해야 할까요? 잡초를 뽑아주는 것도 중요하지만, 멋지고 아름다운 꽃씨가 무럭무럭 자라도록 해 줘야 합니다. 그래서 나중에 훌륭한 꽃나무가 여기저기 성장하면, 자잘한 잡초조차 어우러지며 마음 밭이 진화하게 되는 것입니다. 그러면 자연스레 우주의 풍요로움과 공명하지 않을까요?

바람직한 명상은 심층의식에 접근해서 긍정의식을 일깨우도록 해 줍니다. 그저 막연히 우주의 풍요를 끌어당기는 식의 이상한 명상은 효과가 별로 없습니다.

사실 우주에는 풍요도 가난도 없으며 행복도 불행도 없습니다. 인간의 사회적 규정이나 욕심이 풍요와 가난, 행복과 불행을 나눌 뿐입니다. 그러니 막연하게 뭔가 끌어당기려 하기보다, 바람직한 계획을 세우고 목표를 향해 나아가는 편이 좋습니다. 우리 내면에는 무궁한 가능성의 잠재력이 존재하니까요.

자기 자신에 대한 부정을 차단하고, 부정이 이는 순간

에 긍정으로 전환해 보세요. 그러면 차츰 멋지고 성공적인 '내'가 되어 갑니다. 화초에 물을 주고 햇빛과 자양분을 제공하듯이, 자신에게 긍정과 희망의 물을 주고 보살피게 되면 밝은 일상이 되어 갑니다.

하루에 십 분 명상하기

명상은 진정한 내가 되기 위한 방편입니다. 나를 붙잡고 있는 잡다한 일과 욕망으로부터 진정한 나로의 귀환을 위한 행위이지요. 명상은 무엇인가에 매몰돼 있는 나를 깨워줍니다. 내면을 관조하는 순간, 나는 나 자신으로 돌아올 수 있습니다.

명상은 집중이 아니라 흐름이며 관조입니다. 관조하는 순간 흐르기 시작하고, 어떤 것이 들고 나든 넉넉히 관조할 때 진정한 '나'로 돌아오는 것입니다.

'SIM* 통찰명상'은 집중이 아닌 관조로부터 시작하여 발전해 가다가 통찰의 단계까지 이를 수 있습니다. 먼저 관조

---

* 성공적이며(Success) 혁신적인(Innovation) 마음경영(Management).

의 의미를 살펴봅시다. 관조란 여유와 지혜로운 시선으로 느긋하게 바라보는 행위입니다. 사전에서는 관조를 '고요한 마음으로 사물이나 현상을 관찰하거나 비추어 보는 것' 또는 '지혜로 사물의 참모습과 변하지 않는 진리를 비추어 보는 것'으로 정의하고 있습니다. 그런 면에서 관조는 객관적이며 이성적이지요. 동시에 감성이 살아 있는 따스한 시선이기도 합니다.

관조는 얕은 생각으로 재어 보고 판단하는 게 아니라, 제한된 나의 틀을 벗어나 깊은 마음의 눈으로 세계와 사물을 읽는 일입니다. 일어나는 생각과 의식 감정 등을 넉넉히 흘리며 관조하고, 자연스레 풀어 가는 것이 SIM통찰명상을 위한 기초가 됩니다.

평소에 관조하는 방법을 훈련해 두면, 머리는 냉철해지고 마음은 여유로워집니다. 우리에게는 집중력도 필요하지만 넉넉하게 바라보는 관조도 필요합니다.

먼 산을 바라볼 때 전체를 보는 시선과 한 곳의 소나무만 집중해서 보는 건 다릅니다. 소나무 한 그루만 뚫어져라 쳐다보면 이내 피로해지지만, 산 전체를 고루 한눈에 담아서 보면 마음에 여유가 생기고 따스해집니다. 관조는 명상할 때만이 아니라, 삶을 바라보거나 사람과 상황을 볼 때도 적용될 수 있습니다. 한 가지 문제 혹은 부분의 상황만 갖고 판단하면 오류를 낳을 수 있지만, 전체를 보게 되면 한결 지혜로운 판단이 가능합니다.

관조하는 방법

- 멀리 있는 소나무 든 건물 창문이든 어느 한 곳에 초점을 맞춰 집중합니다.
- 이번엔 어느 한 곳을 보려 하지 말고, 눈에 보이는 전체를 한눈에 담아 보세요. 관조하는 것입니다.
- 다시 어느 한 곳을 집중해서 바라보며, 집중과 관조의 차이를 훈련합니다.
- 그리고 다시 시야에 보이는 전체를 한눈에 담아 봅니다. 굳이 무엇을 알려 하거나 기억할 필요는 없습니다. 그저 담담하게 바라보며 가슴에 담아본다고 해도 좋습니다. 두 시각의 차이를 느낄 수 있습니다. 집중하면 눈에 피로가 느껴지며 마음이 딱딱해지고 긴장되는 현상이 있는 반면에, 관조하면 눈이 시원해지면서 마음도 차분하고 여유로워집니다.

• 이것을 반복하면 감각을 잡을 수 있습니다. 이 감각으로 자기 자신과 닥친 상황도 관조해 보는 시도를 해 보세요. 익숙해지면 통찰의 단계로 갈 수 있습니다.

SIM통찰명상 훈련하기

앞서 강조한 것처럼 호흡이든 어느 지점이든 절대 집중하려 하지 말고 넉넉하게 관조해야 합니다. 집중하는 명상이 훈련된 경우에는 먼저 전문가의 지도를 받는 것이 바람직합니다.

1. 일상에서 자연스럽게 언제 어디서나 명상할 수 있습니다. 하지만 명상을 시작하는 초기에는 정갈한 방이나 의자에 편히 앉아서 합니다. 고개를 숙이지 않고 정면을 바라보며 편안한 자세를 취합니다.

2. 심호흡을 두어 번 하고 눈을 감습니다. 이후 호흡을 주시하거나 멈추는 등의 인위적인 행위를 절대 하지 마세요. 그냥 자연스러운 호흡이 가장 바람직합니다.

3. 마음에도 눈이 있다고 여기고, 마음의 시선을 지그시 천추*에 두며 천추 어림을 관조합니다(관조하면 자연스레 천추 부분뿐만 아니라 몸과 마음 전체를 관조하게 됨).

4. 천추는 인체 꼬리뼈(미추)와 허리뼈(요추) 사이의 골반 쪽에 있습니다. 마음의 시선으로 천추를 관조한다고 해서 인체 내부나 뼈를 상상하는 것이 아닙니다. 그저 넓은 바다나 하늘을 볼 때, 집중하기보다 전체를 바라보듯이 천추 부위를 관조합니다(천추 부위를 상징적으로 마음속의 우주, 내면의 하늘이라 여기면 됩니다).

5. 천추 부위를 하늘처럼 깊이를 알 수 없는, 그저 따스하고 아늑한 마음의 고향이라 여기며 지그시 관조합니다. 마음의 고향에서 휴식을 취한다고 여겨도 좋습니다(인체의 각 기관이나 구조는 유형의 물리적 측면만이 아니라, 무형의 상징과 의미로도 다양한 역할 속에 존재합니다. 따라서 '마음의 눈'이나 '마음의 고향'이란 뜻을 무형의 상징과 의미로 이해해 보세요).

* 엉치 척추뼈. 척주뼈 가운데 허리뼈 아래쪽에 있는 다섯 개의 뼈.

6. 마음속으로 '내일에 서서 오늘을 도와 가기 위한 통찰명상을 시작하겠습니다.'라고 되뇌며 시작합니다. 내일이란 밝고 희망찬 미래를 의미하지요. 과거나 혹은 현재의 부족한 내가 아닌, 미래의 아름다운 나를 상정하고 그렇게 되기 위해 명상을 하는 것입니다(명상은 미래 지향적인 행위입니다. 이는 현재의 어려움을 부정하는 개념이 아니라, 현재를 바탕으로 힘찬 미래를 위해 나를 북돋기 위함이지요).

7. 눈을 감고 마음의 눈으로 천추 부분을 관조하며, 일어나는 생각이나 몸의 느낌 등을 흘려보냅니다. 이렇게 통찰명상을 할 때는 생각을 하려 할 것도 없고 안 하려 할 것도 없습니다. 적정도 고요함도 기대하지 마세요. 일어나는 생각에도 간섭할 필요가 없습니다. 수많은 생각이 일어나도 따지고 분별하지 말고 흘러가게 내버려 둡니다. 그러면 알아서 흘러가며 차츰차츰 정화되어 갑니다.

(만일 통찰명상을 할 때마다 똑같은 괴로운 생각이 반복된다면 이는 무의식 속에 구체적으로 풀어야 할 무엇이 있는 것이니 전문가의 도움을 받으시기 바랍니다. 그러면 앓던 이가 빠진 것처럼 마음이 시원해질 것입니다.)

호흡 또한 신경 쓰지 말고 자연스럽게 하는데, 그러다 보면 이따금 심호흡이 나오기도 합니다.

8. 통찰명상을 하다가 주위가 시끄러울 경우 역시 그러려니 하며 흘려보내세요. 온갖 생각이 일어도 자연스레 흘려보내면 됩니다. 그러다 천추를 관조하는 것을 잊기도 하는데, 그럴 때는 다시 지그시 천추를 관조하면 됩니다.

9. 명상을 끝낼 때는 마음속으로 '명상을 마무리하겠습니다.' 하고 말한 뒤에 천천히 눈을 뜨세요. 명상 초기에는 10분 정도 훈련하고, 일상에서 잠깐씩 단 몇 분이라도하면 좋습니다. 익숙해지면 점차 시간을 늘릴 수 있겠지요.

'SIM통찰명상'은 앉아서 눈 감고 하는 것이 익숙해지면 이후엔 눈을 뜨고도 가능해집니다. 언제 어디서나 시도할 수 있습니다. 밥 먹을 때나 산책을 하면서도 마음의 시선만 천추에 두면 되니 언제나 가능합니다. 그러다 보면 아이디어가 떠오르고, 복잡한 일의 실마리가 쉽게 풀리기도 합니다. 출퇴근 시 버스나 지하철에서도 명상은 가능합니다. 타인과 대화를 하면서도 마음의 시선을 천추에 두고 대화하면, 그냥 대화하는 것보다 마음이 여유롭고 따스한 대화가 가능합니다.

사무실에 출근하거나 학교에서 공부 시작하기 전 1분에서 3분 정도 눈을 감고 명상해 보세요. 그것만으로도 마음이 상쾌해지고 일이나 학습 능력이 향상됩니다.

이렇게 일상 속에서 부담 없이 할 수 있지만, 하루 한 번 정도는 조용한 방에 앉아서 눈을 감고 하는 게 좋습니다. 이 시간은 통찰명상을 익숙하게 훈련하는 시간이며, 동시에 내면을 정돈하고 정리하는 시간이기도 하니까요.

일과를 지내며 온갖 생각과 감정의 들고 나감이 있었으니, 차분하게 마음을 정돈하고 일깨우는 과정이 필요합니다.

'SIM통찰명상'을 하게 되면 기분 감정 다스리기가 수월해집니다. 부정적 생각이나 욕구, 욕망도 마찬가지고요. 이 세상에 짜증이나 화내는 걸 좋아하는 사람은 없지요. 그런데 개선이 안 되는 것은 짜증이나 화가 날 때 그 속에 빠져버리기 때문입니다. 통찰명상이 익숙해지면 언제나 관조하고 통찰하는 내가 깨어 있게 됩니다. 화가 날 때 화내는 나도 있으나, 동시에 그런 나를 관조하는 초월적 이성의 내가 서 있는 것이지요. 그렇게 관조와 통찰의 내가 있기에 어떤 감정이나 욕구에 빠질지라도 수월하게 벗어날 수 있으며, 그에 관련된 의식을 깨울 수 있습니다(단, 의식을 깨우고 개선하는 부분은 별도 지도 과정이 필요합니다).

'SIM통찰명상'은 누구나 쉽게 일상에서 명상할 수 있도록 연구한 결과 나온 명상법입니다. 배우기 쉬우면서도 훈련만 잘되면 다양한 효능을 갖습니다.

◆ 명상을 배우고 싶다면 유튜브에서 'SIM명상'을 검색해 보세요.

[뇌파의 일반적 효과]

의식: 외부에 집착하고 있는 의식을 안으로 돌려줌

긴장과 잡념에 시달리는 현상으로부터
의식을 떼어 놓음

밖으로 향하였던 마음을
내적인 세계로 향하게 하여

→

마음을 정화시켜
심리적 안정을 이룬다

신체: 의식, 무의식적 스트레스로 긴장돼 있는 상태

코티솔 호르몬 등의 과다 분비
호르몬 분비 교란과 불균형

교감신경 항진 상태가
지속됨으로 인한 혈액순환 이상 등
신체적 불균형 초래

→

명상은 호르몬 분비를
안정화시키고

자율신경의 일종인
교감신경의 활동을 줄이고
부교감 신경을 활성화

↓

몸의 면역력 상승과
자기 치유력을 향상시켜서
건강해짐

나이가 들수록 중요한 합리적인 행복 철학

요즘 청소년들에게 미래에 어떻게 살고 싶은가 물으면, 건물주가 돼서 임대료 받으며 살겠다고 합니다. 실제로 중학교 1학년 학생이 아무렇지 않게 말합니다. 직장 다니며 스트레스받는 대신에 편하게 살고 싶다는 얘기입니다.

아마도 치열한 사회 속에서 정신없이 살아가는 어른들 보며 그런 생각을 했나 봅니다. 물론 현실에서 노력하는 모습은 별로 보이지 않습니다. 그러고는 막연히 건물주 타령만 하지요.

이는 철없는 아이들만 하는 소리가 아닙니다. 다수의 사람이 행복을 꿈꾸면서 돈, 권력, 명예를 탐하고 있습니다.

돈을 잘 벌어서 잘 쓰는 것은 중요합니다.

그런데 어째서 우리는 삶의 풍요를 꼭 물질적인 것으로만 한정 지을까요. 그냥 너 나 할 것 없이 '잘 먹고 잘 살자'

입니다. 한데 이런 말투 속에는 왠지 공허함이 묻어납니다.

어떤 사십 대 부부가 밤낮으로 돈 벌기 위해 십 년간 미친 듯이 일했습니다. 그네들의 화두는 오직 '돈! 돈!'입니다. 돈이 있으면 행복하고 건강하고 화목할 거라 여기면서 오로지 돈 버는 것에만 집중을 했습니다. 그렇게 해서 실제로 돈을 많이 벌었습니다. 그래서 땅도 사고 아파트도 넓은 평수를 마련하고 신이 났지요.

그런데 어느 날부터인가 이상한 일들이 벌어집니다. 아니 수면 아래에 있던 문제들이 하나둘 드러나는 것이지요. 부인은 남편의 지독한 인색함에 지치는가 하면, 남편 역시 아내의 지겨운 잔소리에 분노가 일기 시작했습니다. 아이들은 돈 버느라 방치되면서, 게임중독이 되고 난폭한 성격이 되고 말았습니다.

대체 무엇이 문제였을까요? 행복을 잡기 위해 그토록 안간힘을 쓰며 돈을 모았는데, 어째서 행복과 거리가 먼 현상이 벌어질까요?

우리가 바라는 행복은 정말 돈으로만 해결할 수 있을까요? 돈에 미친 사십 대 부부가 만일 조금 덜 벌면서 아이들을 돌보고 화목했더라면 행복하지 않았을까요. 돈 버는 시간을 좀 줄이고, 책을 읽거나 아이들과 시간을 함께 보내면 어땠을까요.

이제 그들은 돈에 묶여서 꼼짝 못 합니다. 사업이 잘돼서 돈은 들어오는데 제대로 쉬지도 못하고, 가족은 화목하지 못합니다. 남편은 일중독이 되어 다른 취미도 없이 오로지 일에만 집중하고 있을 뿐이고, 아내와 애들은 제멋대로 욕구와 욕망에 사로잡혀 허우적거리고 있습니다.

사람이 한 생각에 꽂히면 다른 것이 비집고 들어갈 틈이 없어집니다. 특히 돈 앞에서 인간은 얼이 빠져 버립니다. 현대 사회는 모든 것이 돈으로 환산됩니다. 이것이 또한 우리네 정신을 메마르게 합니다. 이럴 수밖에 없는 여러 이유가 있겠지만, 어쩌면 가장 큰 이유는 사회생활 그리고 거기서 얻은 의식에 의해 선천적인 꿈이 왜곡되기 때문입니다.

사람은 태어날 때부터 자신을 꽃피울 꿈과 능력을 갖고 태어납니다. 그 꿈은 태생적이며 선천적인 꿈이고, 잠재력입니다. 그러나 세상을 살다가 돈 많고 힘을 가져야 잘 사는 것, 멋진 외모에 대한 열망, 학벌 직위가 좋아야 잘 사는 것, 이런 다양한 의식들에 의해 선천적인 순수한 꿈이 왜곡됩니다. 그저 당당한 존재로 아름답게 살고 싶은 꿈이 변질되는 거지요.

그러나 앞에 든 가족의 문제들만 봐도 행복은 꼭 물질에만 국한되지는 않습니다. 마음과 정신이 풍요로울 때 진정한 행복을 느낄 수 있습니다.

물론 그렇다고 가난이 미덕은 아닙니다. 기왕이면 즐겁게 돈을 벌고 잘 쓸 수 있어야 하지요. 모든 것은 균형을 이뤄야 하며 현명하게 판단할 수 있어야 합니다. 돈이 풍요한 삶의 전부라고 생각하는 어리석음을 일찍 깨우칠수록 행복해집니다.

모든 것은 마음에 달려 있습니다. 이는 달리 말하면 우리가 어떤 정신과 마음을 갖고 살아가느냐가 행복의 중요한 요소라는 뜻입니다. 돈이 적어도 행복한 가정이 있는가 하면, 돈은 무척 많은데 가족이 갈등하고 증오하는 경우도 있습니다. 내가 어떤 생각을 하고 어떤 정신을 갖는가에 따라 많은 것이 달라집니다. 그 어느 때보다 풍요로운 시대에 살면서도 불만투성이인 현대인은, 이제 행복에 대해 합리적인 철학을 가질 때가 아닐까요?

돈이나 물질은 내 삶에 잘 쓰고 활용하는 것일 뿐,

그것에 묶이지 않아야 참 자유로워집니다.

생각을 존대하면 세상이 달라진다

때로 하나의 생각이 인생을 좌우할 만큼 크게 작용하기도 합니다. 하나의 생각이 말을 낳고 표정을 낳고 행동을 낳습니다. 그리고 그 결과는 어마어마하게 다른 결과를 가져오기도 하지요. 어떤 사람이 2명의 결혼 대상자를 생각하고 있는데, A라는 사람을 선택할 때와 B라는 사람을 선택할 때의 결과는 매우 다릅니다.

누구를 선택하는가에 따라 행복한 결혼이 되는가 하면, 날마다 싸우며 스트레스 가득한 결혼 생활이 될 수도 있겠지요. 배우자를 선택하거나 무엇을 결정할 때, 하나의 생각이 상반된 결과를 불러온다는 의미입니다.

일상의 90퍼센트를 무의식이 지배한다는 것이 심리학의 정설입니다. 내가 일으키는 생각 대부분은 무의식(심층의식)

의 영향을 받게 돼 있습니다. 무의식적으로 생각하고 행동하는 것입니다. 무의식에 있는 어떤 개념과 관념, 욕망을 바탕으로 생각이 드러나고, 그것을 무의식적으로 실행하게 됩니다.

일상의 작은 사안들 속에서도 생각 하나가 미치는 영향이 크다는 것이지요. 그래서 생각 하나도 바르게 해야 합니다. 설령 무의식 속에 어떤 관념이나 욕망을 모른다 해도 결국 생각이나 감정으로 드러나게 되니, 생각을 검토하다 보면 무의식 속의 관념도 살필 수 있습니다. 따라서 생각을 검토하고 다듬는 작업이 필요하지요.

생각을 검토하고 다듬는 데 도움되는 것이 '존대로 생각하기'입니다. 내 생각을 그냥 되는 대로 하는 게 아니라, 존대를 써서 생각하는 것입니다. 생각을 존대로 하다 보면 생각을 다스리는 것이 한결 수월합니다.

가령 '오늘은 영화 한 편을 보고 자야겠어'라는 생각을 '오늘은 영화 한 편 보고 자야겠네요.' 하는 식으로 존대해 보세요.

'난 그 친구가 마음에 들지 않아.' 하는 대신에 '난 그 친구가 마음에 들지 않아요'라고 바꿔 봅니다. 얼핏 비슷한 감정이지만, 좀 더 순화되고 차분해지는 걸 느낄 수 있습니다.

우리는 평소에 말 한마디 힘이 얼마나 큰지 잘 느낍니다. 똑같은 말도 억양과 감정의 농도에 따라 다르게 전달되니까요. 직장 상사가 부하 직원에게 "김 대리, 보고서 언제 줘?" 하면 은근히 불쾌해집니다.

"김 대리님, 보고서 1시까지 부탁해요." 하면 한결 상냥하게 갖다줄 수 있겠지요.

이처럼 내게서 일어나는 생각을 존대로 하면, 나를 존중하는 행위가 됩니다. 내가 스스로 존중하게 되니 마음이 여유롭고 따스하지요. 그러면 스트레스가 한결 줄어들면서 자기 존중감을 키우는 데 효과적입니다.

평소 우리는 남이 나를 함부로 하면 못 견딥니다. 무시당하는 것 같아서 화가 나고 불쾌하지요. 그런데 내가 나를 함부로 하는 건 잘 알지 못합니다. 그게 내 마음을 우울하게 만들어도 눈치 못 챕니다.

아침에 세수하고 거울 보면서 '난 못생겼어'라든가 '난 별 볼 일 없어.' 해 보세요. 서서히 기분이 가라앉고, 무시당하는 내면의 자아들이 우울 모드로 들어갑니다.

'그래, 난 별 볼 일 없어.' '난 잘 안 될 거야…….' 하면서 줄줄이 회색빛 생각이 이어지게 되지요.

아침에 거울에 비친 자신을 보며 '난 참 괜찮은 사람이에요.' 혹은 '와, 오늘도 멋지네요. 훌륭합니다.' 해 보세요. 마음이 밝아지면서 용기가 생깁니다. 이런 사람은 설령 남이 함부로 해도 별로 개의치 않습니다. 스스로에 대한 자존감이 높으니 남이 건드려도 별로 흔들리지 않지요.

삶에 대해 회의가 느껴지거나 부정적 생각이 일 때
존대로 바꿔서 해 보세요.

가령 일상에서 짜증이나 화가 날 때 '아, 짜증나! 화가 나서 못 견디겠어!' 식의 생각이 떠오를 때 '지금 짜증이 나고 화가 치미네요. 이 상황을 어떻게 봐야 할까요?' 또는 '짜증이나 화보다 나은 대처 방법이 무얼까요.' 하며 내 생각을 주도해 볼 수 있습니다.

삶에 대해 회의가 느껴질 때도 마찬가집니다. 회의적이고 부정이 가득할 때 그 생각을 인정하기보다 '어떤 시각이 현명할까요?' 하며 내면과 대화를 하다 보면 긍정이 떠오르기도 합니다. 당장은 아닐지라도 여유를 갖고 시도해 볼 필요가 있어요.

차분하게 명상을 하며 이런 의문을 내면에 던지면 많은 생각이 올라오며 스치게 됩니다. 이럴 때 좋은 생각이다. 안 좋은 생각이다. 시비 걸지 말고 그냥 흘러가게 놔두세요. 명상은 집중이 아니라 흐름이니까요. 생각이 흐르고 흐르다 보면 차츰 정리가 되고, 간혹 번뜩이는 영감이 떠오르기도 합니다.

내면에 의문을 던지는 것은 당장에 어떤 대답을 바라고 하는 행동이 아닙니다. 어쩌면 많은 시간이 필요한 작업이기도 합니다. 인생의 진리가 짧은 생각 속에서 떠오르지는 않으니까요. 그런데 긍정적인 마음으로 깊이깊이 찾아가다 보면, 지혜로운 결과가 잡힐 수 있습니다.

명상을 할 때 떠오르는 생각을 존대로 하여 깊이 사유하면, 지혜가 샘솟고 가슴이 설렙니다. 그냥 대수롭지 않은 생각들을 존대로 하다 보면 감정이 정리되고, 보다 현명한 관계 개선의 묘수가 떠오르기도 합니다.

명상은 생각을 지우기 위한 과정이 아닙니다. 명상을 하면서 아무 생각이 없길 바라지 마세요. 진정한 명상은 생각을 외면하는 것이 아니라, 일어나는 생각을 통해 나를 개선하고 발전시키는 과정입니다.

일상생활 속에서나 명상 상태나 마찬가지입니다. 복잡한 생각을 정리하고 감정을 다스리려면 '생각 존대' 하기가 필수입니다. 생각을 존대로 하는 양이 많아질수록, 부정적 생각이 줄어들고 긍정의 생각이 많아집니다. 마음도 밝아지고요. 늘 생각을 존대로 할 수 있다면 당신은 매우 긍정적이며 현명한 사람이 될 것입니다. 생각을 존대로 하는 것은 단순해 보이나 큰 효과가 있습니다.

생각의 말투만 바꿔도
내 삶과 타인의 태도가 바뀐다

'왜 살아야 하지?'라고 스스로 묻게 되는 경우가 있습니다.
왜 살아야 하는지 알 수 없기 때문입니다.
왜 살아야 할까요?
왜 우리는 힘들고 어려운 인생을 살아야 하는 걸까요.
이 의문을 어떻게 하면 잘 풀어낼 수 있나요.

'왜 살아야 하지?'라는 의문을 긍정적으로 풀어 가고자 한다면 '왜?'라는 단어 자체를 바꿀 필요가 있습니다. '왜'라는 물음은 긍정의 느낌보다 부정적이고 회의가 느껴지거든요.

집에서 아이들이 싸울 때 "너희들 왜 싸우니?" 하면 애들이나 엄마나 모두 짜증이 납니다.

"왜 그래?" 할 때는 다소 부정적이고 따지는 느낌이 큽니다. 한데 "무엇을 위해 그래요?"라고 의문을 전환하면 다른 상황이 됩니다. 애들이 싸울 때 "왜 그래?" 하면 아이는 핑계를 대며 짜증을 낼 수 있습니다. 그런데 "무엇을 위해 그렇게 했나요?" 하면 태도가 달라지지요.

형제끼리 다툴 때 '무엇을 위해?'라고 물으면 아이는 생각을 하게 됩니다. '왜?'라는 물음을 '무엇을 위해?', '무엇을 돕고자?'로 전환해 보세요. 따지듯 묻는 부정적 어감보다 한결 순화된 마음 상태를 느낄 수 있습니다.

누군가 마음에 안 들 때에도 '저 사람 왜 그 모양이야?' 하면 심기가 불편해지고 불만이 생깁니다. 문제 있는 사람으로 인해 스트레스를 받게 되지요. 그 사람을 볼 때마다 나도 모르게 짜증이 나고 화가 치밉니다.

그런데 내가 굳이 타인의 문제로 스트레스받아야 하나요? 누구라도 완벽한 존재가 아닌데 내 관념의 기준으로 재야 할까요. 내 기준의 잣대가 완벽한가요? 그리고 문제 많고 골치 아픈 사람은 늘 주위에 있기 마련입니다. 그런데 매번 그들로 인해 불만과 짜증이 일어나면 나만 피곤해집니다.

타인의 문제는 타인 스스로 알아차려서 개선해야 합니

다. 내가 잔소리한다고 해서 바뀌지 않으니까요. 부부 사이에도 그렇고 형제도 마찬가집니다. 아무리 좋은 소릴 해도 받아들이지 않으면 소용이 없습니다.

그러니 '왜 저래?' 하며 스트레스받기보다 '무엇을 위해 그럴까요?' 하며 넉넉하게 바라보세요. 상대가 어리석고 답답한 면이 있으나 포용해 보는 거지요. 문제 있는 사람을 기꺼이 포용할 때 내 마음도 커집니다.

포용이란 내가 이해할 수 있는 것을 끌어안는 것이 아닙니다. 내가 이해할 수 없는 것을 포용할 수 있어야 진정한 포용이 됩니다. 때로 상식적이지 않은 사람조차 넉넉히 포용해 보세요. 왜냐하면 그 사람은 그 사람대로 기준을 갖고 상식적인 것으로 생각할 테니까요.

내 상식과 타인의 상식은 늘 다릅니다. 그러니 '왜 저러지?' 하며 속을 끓기보다, 차라리 그의 어리석음조차 포용하는 편이 낫습니다.

인생에 대해서도 마찬가집니다.

'왜 살아야 하지?'

'나는 왜 존재하는 거야?'

이런 식으로 물으면 회의적이고 불만스러운 느낌이 듭니다. 이를 '무엇을 위해?'로 바꿔 보세요.

'왜 살아야 하지?' 그러면 삶이 무의미해 보이면서 허무한 쪽으로 결론이 나기 쉽습니다. 그런데 '무엇을 위해 살아야 하나요?' 하면 긍정적 추구가 가능해집니다. 이것은 실로 놀라운 혁명이라 할 수 있습니다.

사람들은 저마다 삶의 의미와 가치를 매기며 살아갑니다. 어떤 사람은 돈에 의미를 두고 어떤 사람은 출세에 의미를 둡니다. 가능하면 바람직한 삶의 의미와 가치를 찾아야 하겠지요. 이럴 때 의문의 전환이 중요합니다. 물론 당장에 어떤 답이 떠오르지는 않습니다. 그러나 긍정의 의문을 갖기에 즐겁게 찾아갈 수 있습니다.

'당신은 무엇을 위해 살고자 하십니까?'

이 물음에 대해 긍정적인 대답을 찾아보세요. 당장에 떠오르지 않아도 좋습니다. 그냥 깊은 마음에 물음을 던지고 찾아보는 것입니다.

세상에 의미 없는 것은 하나도 없습니다.

돌멩이 하나도 존재 의미가 있습니다.

강아지 똥도 쓸모가 있습니다.

하물며 인간의 생애는 어떻습니까.

아무런 의미나 목적도 없이 살고 나면 어떨까요.

삶의 가치를 발견하지 못하는 생애는 어떤 모습인가요?

우리는 이미 수많은 타인의 삶에서 교훈을 얻고 있습니다. 때로 위대한 삶이 있는가 하면, 짐승만도 못한 삶을 살아가는 사람도 있습니다. 인류 역사를 통해 헤아릴 수 없는 삶이 탄생하고 떠나갔습니다. 그것을 보게 되면 스스로 어떻게 살고 싶은가 찾고 싶어집니다.

그냥 불평 가득한 채 '왜 살아야 하는 거야?' 그러면 좋은 대답이 떠오르지 않습니다. 기껏해야 '죽지 못해 사는 거지.' 또는 '그냥 태어났으니 어쩔 수 없는 거야.' 정도가 떠오르게 됩니다.

평소 복잡한 생각에 시달리고 있다면, 꼭 생각을 존대로 하는 것과 의문의 전환을 병행할 필요가 있습니다. 그렇게 되면 불필요한 생각이 정리되며, 부정적 요소들이 줄어들게 됩니다. 이는 달리 말하면 내 속의 부정적 의식들을 깨우고 개선하는 일련의 과정이 되는 것입니다.

심층의 수많은 의식은 서로 통하지 못하고 따로 놀고 있다	→	그래서 내면 의식의 통일성이 없는 것이다	→	원인은 의식들 상호 간의 대화가 없기 때문이다
				↓
자기와의 대화는 의식의 개선과 계발 통일성을 돕는다	←	그 방법이 바로 자기와의 대화이다	←	의식들 간의 대화는 자신이 시도하고 주도해야 가능하다

명상 이야기
셋

명상은 삶의 진실을 찾아가는 행위입니다.
삶의 진실을 찾기 위해 나아가는
인간적 추구입니다.
그래서 좀 더 현명하게 세상과 나를
보는 것…….

진정한 명상은 '나'를 깨우는 기쁨이 있고
나를 변화시키는 행복이 있습니다.
그래서 나를 보는 것이 두렵지 않아요.

오히려 나를 변화시키며 즐거워집니다.

무엇보다…….

명상은 맑게 웃기 위해서 하는 것입니다.

명상은 갓난아이 웃음 같은,

내 안에 천진한 웃음을 이끌어 냅니다.

그 웃음은 피를 맑게 하고

눈빛을 부드럽게 만들지요.

명상은 나를 아름답게 살아나도록 해요…….

4부

피할 수 없는 아픔에 대처하는 방법

같은 일인데,
왜 어떤 날은 짜증이 날까

나는 항상 지금, 이 순간, 여기에 존재합니다.

내가 지금 비행기를 타고 제주에 가면서 서울에 존재할 수는 없습니다. 나는 언제나 지금 이 순간 속에서 '나'라는 존재성을 유지하게 됩니다.

때로 나를 벗어나고 싶을 때가 있으나 그럴 수 없습니다.
공연히 내가 못나 보여서 싫어지거나
누군가 미워져서 마음이 뾰족해질 때
아니면 너무 슬퍼서 도저히 감당이 되지 않을 때…….
그러나 아무리 나를 벗어나고 싶어도 그럴 수 없습니다.
나는 항상 지금 이 순간을 살도록 돼 있으니까요.

때로 몹시 고통스러운 순간과 맞닥뜨리기도 합니다. 사

랑하는 사람을 놓아 버리는 경우가 있고, 암에 걸려서 어찌 해야 할지 모르기도 합니다.

죽음의 공포가 엄습할 때가 있는가 하면, 서서히 늙어 가고 있는 무상한 인생이 두렵기도 합니다. 그러나 그 무엇도 피할 수 없지요.

내 인생에서 나에게 주어지는 것 중
어떤 것도 피할 수 없습니다.

누구나 미지의 알 수 없는 세상에서 알 수 없는 인생길을 가고 있습니다. 이 우주는 아무리 해도 알 도리가 없으며, 죽음이나 늙음도 잘 이해되지 않습니다. 그래서 삶을 지레 짐작하며 함부로 대하기도 합니다.

그러나 분명한 것은 이 삶이 얼마나 리얼한가 하는 것이지요. 분명히 바늘에 찔리면 아픔을 느낍니다. 뜨거운 냄비에 손이 닿으면 데이고 상처가 납니다. 알 수 없는 세상이라고 아무렇게나 살려 해도 이 생생한 삶을 벗어날 도리가 없습니다.

수많은 철학자들이 인생을 얘기하지만 그 무엇도 속 시

원한 해답을 주지 못합니다. 설령 어떤 해답이 그럴듯할지라도 온전히 내 것은 되지 않습니다. 왜냐하면 그것은 찾아낸 그 사람의 것이니까요.

아무리 부처님 공자님 말씀이 진리라 해도 그것을 내 것으로 만드는 데는 많은 노력이 필요합니다. 무조건 믿는다고 해서 되는 것이 아닙니다. 그렇다면 현 세상은 지상낙원이 돼야 하지요.

이웃을 사랑하고 자비를 베풀라는 말씀이 옳은 줄 알지만, 그것을 실천하기란 얼마나 어렵습니까? 이처럼 옳음을 아는 것과 실천은 매우 다릅니다. 그 차이가 하늘과 땅 차이입니다.

우리는 각자 저마다의 우주 속에서 살아가고 있습니다.

개미는 개미의 우주 속에서 살아가고, 민들레는 민들레의 우주 속에서 살아가지요. 나의 우주와 당신의 우주는 다릅니다. 내가 살아온 이력과 기억과 나의 인간관계, 가치관이 당신과 다르니까요. 삶과 사물을 보는 시각도 다르고요.

저마다의 우주 속에서 인생을 생각하고, 사람들과 관계를 맺으며, 독특한 성격과 가치관을 갖고 살아갑니다.

우리는 모두 절대적인 우주 속에 존재합니다.

내가 죽는 순간 나의 우주는 사라지지요.

내가 죽으면 이 우주, 이 세상은 더 이상 존재하지 않습니다.

그럼에도 우리는 지금, 이 순간을 살아가야 합니다.

내게 주어진 모든 것을 기꺼이 감수하며 살아가야 합니다.

"아니 근데 꼭 살아야 하나?"

"이렇게 고생하며 일하고 공부하고 결혼하고…… 꼭 살아야 하는 거야?"

"그냥 아무렇게나 살면 안 되나? 그냥 대충 살면 어때?"

어차피 죽을 건데 이렇게 열심히 사는 것이 억울하다는 생각이 들기도 합니다. 잘 먹고 잘 살면 다행인데 온갖 어려움을 겪으며 살아야 하니까요.

주변에 나이 들어 죽는 사람이나 병에 걸려 고생하는 사람을 보면 '왜 살아야 하지?'라는 생각을 하게 됩니다. 아무리 피하려 해도 피할 수 없고, 현실은 언제나 리얼하게 날 것 그대로의 모습으로 다가오니 말입니다.

우리 모두에게 이번 생은 처음입니다. 처음으로 지금의 세상에 태어났으니까요. 전생에 왕이었다 할지라도 어쩔 수 없습니다. 전생에 왕이었거나 공주였거나 무슨 의미가 있습니까. 나는 오직 지금 이 순간에 존재할 수밖에 없는데요.

우리에게 주어지는 것은 언제나 '지금 이 순간'입니다. 모든 순간이 새로운 모습으로 다가옵니다. 어제와 똑같은 시간에 샤워를 하고 밥을 먹어도, 오늘 이 순간은 또 다른 모습이 됩니다.

어찌 보면 날마다 비슷한 생활 패턴이 반복되는데, 묘하게 매번 다른 모습으로 다가옵니다. 똑같은 아침인데 어떤 날은 기분이 좋은가 하면, 어떤 날은 공연히 짜증이 나거나 우울합니다.

이처럼 변화무쌍한 감정 속에서 어떻게 살아야 할까요.

그냥 아무렇게나 살아도 될까요?

물론 아무렇게나 사는 것도 내 선택입니다. 다만 아무렇게나 살았을 때 결과는 온전히 나의 몫이 되지요. 아무렇게나 설거지를 쌓아 놓고 집 안을 돼지우리처럼 만들면, 나는 그 어수선함이 주는 결과를 고스란히 감수해야 합니다. 건강이 나빠지거나 스트레스가 쌓여도 어쩔 수 없지요.

묘하게도 이 우주는 내가 선택하는 대로 펼쳐집니다. 내가 '아무렇게나 살 거야'라고 선택을 하면 아무렇게나 살아가는 모습을 안겨 줍니다.

반대로 '나는 최선의 노력을 하며 긍정적으로 살 거야'라고 선택한다면, 또한 그렇게 산 모습의 결과를 얻게 됩니다. 그러니 어떻게 살 것인가는 결국 각자의 몫이 되는 것입니다.

체험이 아닌 습관으로서의 명상

지금 이 순간, 생각하고 판단하며 감정을 일으키는 나는 누구입니까?

'나'는 수많은 의식 연합체로서 살아오며 형성된 나만의 개념과 관념을 지니고 있습니다. 이것이 굳어져서 내 마인드, 가치관, 성격, 습관 등을 이루고 있고요. 그래서 나는 내 마인드와 관념을 기반으로 사물을 봅니다.

빨간색 안경을 쓰고 세상을 보면 온통 빨갛게 보이지요. 파란색 안경을 쓰면 파랗게 보이고요. 너무 당연합니다. 그처럼 자기만의 관념의 안경을 쓴 채, 온갖 감정과 욕구 욕망을 일으키며 살아갑니다.

부부끼리 자주 다투게 되는 이유가 무엇인가요. 친구나

형제간에 갈등이 생기는 이유가 뭘까요. 서로 다른 시각의 의식을 갖고 주장하기에, 당연히 나는 맞고 상대는 그르다고 보는 것입니다. 똑같은 상황도 각자 보는 사람에 따라서 어떤 이는 화를 내고 어떤 이는 껄껄대지요.

신혼부부가 치약 때문에 이혼까지 갈 뻔했다고 합니다. 그냥 우스갯소리 같은데 실제로 그럴 수 있습니다. 남편은 아무 생각 없이 중간에서 치약을 짜는데 아내는 그게 싫은 거지요. 그래서 꼭 밑에서부터 짜서 쓰라고 해도 자꾸 습관이 반복됩니다. 그게 갈등의 불씨가 되고 감정싸움이 돼 버립니다.

남편이 설거지를 해 줘도 마음에 안 들어서 잔소리하게 되면 감정이 생깁니다. 아내는 자기 기준에서 볼 때 깨끗하지 않다고 여기는데, 남편은 그런 아내가 까다롭다고 여기게 되지요.

위생 관념이라는 것도 각자 살아온 환경과 경험, 학습에 의해 만들어지는 의식인데요. 누가 맞고 누가 틀리다 하겠습니까. 이게 지나치면 하루에도 수백 번 손을 씻는 강박증에 걸리기도 합니다. 이 또한 바람직하지 않습니다.

문제는 각자가 자기 기준이 옳다고 여기며 계속 주장을 하는 거예요. 저마다 굳어진 관념을 나로 여기며(의식들의 주장) 이를 기준으로 사물을 판단하고 있습니다. 그러니 나와 남의 생각과 판단은 당연히 다를 수밖에요.

세상을 보는 시각이나 인생을 보는 시각도 마찬가집니다. 어떤 사람은 인생을 무의미하다고 정의 내립니다. 그러고는 모든 것을 그 시각으로 해석하지요. 즉 무의미하다는 안경을 쓰고 인생을 바라보는 것입니다. 그러면 당연히 그렇게 보입니다. 밥을 먹는 것도 화장실 가는 것도 무의미하지요. 그러다 보니 자연히 세상을 냉소적으로 보게 됩니다.

하지만 그게 진실일까요?

그것은 내가 그렇게 보는 '사실'일 뿐 진실이 아닙니다. 진실은 내가 쓰고 있는 관념의 안경을 벗고 보는 것이지요. 살아오며 경험하고 학습된 관념의 안경을 벗고, 본질을 보는 것이 진실에 가깝습니다.

이 세상에는 수많은 일과 현상들이 벌어집니다. 그런데 이것을 각자 다른 시각에서 바라봅니다. 그러고는 그 시각에서 보고 느낀 것을 나만의 사실로 받아들이게 되지요. 그러다 보니 하나의 현상을 놓고도 저마다 다른 사실들이 존재하게 되는 것입니다.

이때 과연 어느 쪽이 진실일까요? 누구의 시각이 진실입니까.

'사실'은 그저 '사실'일 뿐 진실이 아닙니다.

진실은 사실 속 깊은 곳에 숨어 있습니다. 그래서 사실과 진실 관계를 살필 수 있어야 합니다.

예를 들어 잘 살고 싶다는 갈망이 일어날 때 드러난 이 현상은 사실이지요. 그런데 그 속의 진실은 무엇일까요? 사람들은 대체로 '아, 잘 살고 싶어'라는 갈망이 일어나면, 당연히 돈 많이 벌고 출세하는 거라고 단정합니다. 하지만 그게 진실일까요? 진실은 좀 다릅니다.

마음 깊은 곳에서 잘 살고 싶다는 갈망이 일어날 때 그 메시지는, 제대로 삶의 의미를 찾고 가치 있는 삶을 살고 싶다는 의미입니다. 그런데 당장에 일어나는 생각과 욕망만 갖고 해석하면 전혀 엉뚱해지고 마는 거지요. 내 속에 형성된 관념으로 보면 '잘 산다'는 것이 돈이나 권력, 명예를 가지는 것이니까요.

그런데 잘 생각해 보세요. 돈 많이 벌고 출세하고 싶다는 그 생각이 나를 현명하게 해 주나요? 참된 행복을 줄까요? 거꾸로 내가 불만과 부족감에 시달리게 되지는 않을까요. 노력하기는 싫어하면서 불만과 부족감에 시달린다면, 그 사실은 진실과 거리가 먼 것이 됩니다.

그래서 당장에 드러나는 생각 관념을 전부로 보는 것이 아니라, 그 이면에 진실을 보려는 시도가 필요하답니다. 진실이 살아나면 그만큼 깊은 행복을 느낄 수 있으니까요.

어릴 적에 순수한 마음으로 의사가 되고 싶다고 한 사람이 막상 어른이 돼서 변질되는 경우가 있습니다. 아픈 사람을 위해 의사가 된다고 하는 '진실'이, 돈과 권위적 욕심으로 전락하는 '사실'로 변하는 것이지요.

세상에서 훈습된 가치관으로 순수한 욕구가 왜곡돼 버리니, 진실이 사라지고 그저 현실 속에 메마른 사실만 남게 됩니다. 진실과 사실은 그렇게 다른 모습으로 엉뚱한 결과를 만들기도 하지요.

우리는 종종 진실을 찾아가기보다 사실적 현상에 매몰되고 맙니다. 그저 겉 드러난 현상만으로 시비를 가리게 되지요. 오랜 세월 훈습된 개념과 관념을 갖고, 마치 그것이 진실인 양 고집합니다.

이제 나만의 색깔을 고집하는 안경을 벗고 총천연색의 세상을 봐야 합니다. 세상은 매우 다채로운 색으로 되어 있건만, 어리석은 하나의 색을 고집하면 얼마나 피곤하겠습니까?

깨달음이란 훈습된 관념의 안경을 벗고
사물의 본질을 보는 것입니다.

그저 막연히 깨달음의 환상 속에서 이상한 경지나 바라는 것은, 아주 어리석고 위험한 발상입니다. 깨달음은 한 순간에 차원을 달리하는 판타지 소설이 아닙니다. 그런데 다수의 사람이 깨달음의 환상을 치우지 못하고 그것에 매달리며 특별한 체험을 기다립니다.

실제로 명상이나 수련을 하다가 신비한 체험을 하기도

합니다. 우주와 내가 하나가 되는 듯한 느낌이 있고, 우주의 사랑을 느끼며 벅찬 감동을 얻기도 합니다. 하지만 그런 것을 경험한다고 깨달은 것은 아닙니다. 그런 환희나 감동의 체험은 어느 정도 집중만 하면 일어날 수 있는 자연스런 현상이니까요.

그런 것을 한두 번 체험했다고 해서 오래 훈습된 관념이 변화할 수 있을까요? 결코 그렇지 않습니다. 그저 경험 따로 관념 따로이지요. 따로국밥이 되는 것입니다. 일상을 지배하는 것은 여전히 기존의 관념이 되고요.

이는 마치 감동적인 영화나 책을 보고 나서 독립투사나 훌륭한 지도자가 되고픈 갈망을 잠시 갖는 것과 유사합니다. 당장에라도 위대한 삶을 생각하고 결심하지만 며칠만 지나면 시들해지고 마는 것이지요.

어떤 사람들은 대단한 감동이나 환희의 체험을 하고 난 후에 다시 그와 같은 체험만을 기다리며 명상에 빠지기도 합니다. 또 어떤 이는 특별한 능력을 갖기 원하며 온갖 이상한 수련을 하지요. 진정한 깨달음이 아니라 타심통他心通*

* 다른 사람이 마음속에 생각하고 있는 것을 모두 꿰뚫어 보는 불가사의한 힘.

이니 천안통天眼通* 이니 하며 엉뚱한 환상 속에서 헤매게 됩니다. 이런 발상은 참 위험할 수 있습니다. 이제 깨달음에 대한 환상도 경계해야 합니다.

진정한 깨달음은 내 속에 훈습된 어리석은 의식들을 깨워 가는 것으로부터 시작됩니다. 명상은 체험이 아니라 습관이 되어야 합니다. 그렇게 초월적 이성을 세우고 확장하며 이를 중심으로 심층의식을 깨우고 다스릴 수 있어야 합니다. 어리석은 의식을 놔둔 채 깨달음의 욕심만 부리면 옆길로 새고 맙니다. 이제 깨달음에 대한 개념도 성숙해져야 합니다.

---

* 육신통(六神通) 가운데 멀고 가까운 것과 크고 작은 것에 걸림이 없이 밝게 볼 수 있는 능력.

우리에게 주어지는 것은 언제나 '지금 이 순간'입니다.
모든 순간이 새로운 모습으로 다가옵니다.
어제와 똑같은 시간에 샤워를 하고 밥을 먹어도,
오늘 이 순간은 또 다른 모습이 됩니다.

살면서 하기 싫은 일들에 대해

깨달음에 대한 거창한 욕심은 치우되, 일상에서 소소하면서도 유익한 깨달음을 추구할 필요는 있습니다. 가령 우리는 일상에서 무심코 호불호를 가리는데, 이것을 깨달으면 마음에서 걸리적거리던 삶의 요인들이 줄어듭니다.

무엇이든 싫고 좋은 것이 분명한 사람들이 있습니다. 홍어회를 싫어하고 담배 냄새를 싫어하고 시끄러운 록 음악을 싫어하고…… 개인마다 독특한 성향이 있는 만큼 싫은 것과 좋은 것이 나뉠 수 있겠지요.

어떤 사람은 노란색을 좋아하고 어떤 사람은 보라색을 좋아합니다. 그래서 옷이나 구두, 가방의 색깔이 개인의 취향에 따라 호불호(好不好)가 갈리게 됩니다.

무엇을 좋아하고 싫어하는 심리는 오랫동안 경험되고 학

습된 결과로 생긴 기준들이지요. 평소 감정에 예민한 사람들이 특히 호불호가 강하게 나타납니다. 살다 보면 어쩔 수 없이 나만의 고유한 '틀'을 갖게 됩니다. 싫은 것도 많아지고 좋아하는 것도 생깁니다.

그런데 호불호가 강하면서 나만의 틀을 고수하면 어떤 결과가 생길까요? 한편으로는 생각이 분명해 보여서 괜찮은 듯합니다만, 이런 식의 틀이 편치 않은 마음 상태를 가져오니 아쉬운 거지요.

유난히 까칠한 이십 대 여성이 있는데요. 이 친구는 주변 사람들을 호불호로 나누고 상대를 합니다. 그래서 내가 좋아하는 사람과는 지나치게 의존하며 지내고, 그렇지 않은 사람과는 냉랭한 관계가 되는 거지요.

그렇게 나누는 것까지도 좋은데, 항상 주변 관계 속에서 어려움을 겪고 스트레스를 받습니다. 아무래도 내가 좋아하는 사람에게서는 관심이나 애정을 요구하게 되고, 반대로 싫은 사람에게 퉁명스러우니 피차 껄끄러울 수밖에요.

호불호가 강한 사람은 어찌된 셈인지 시간이 갈수록 싫은 것이 많아집니다. 그게 문제에요. 자꾸 이것저것 가리다 보니 싫은 것이 많아지면서 일상이 피곤해집니다.

어떤 사람이 싫고, 어떤 음식이 싫고, 어떤 일이 싫고…… 그렇게 싫은 걸 쌓다 보니 스스로 지치면서 주변에 싫은 것투성이가 됩니다.

이렇게 굳이 싫고 좋은 것을 나누며 피곤하게 살아야 하나요?

깨달음이란 나만의 틀을 벗어나야 도달할 수 있습니다.

인생살이를 오래 경험한 사람들은 아마 알 것입니다.

살면서 하기 싫은 일이 얼마나 많은지.

억지로 해야 하는 일이 얼마나 많은지.

불편한 사람과 얼마나 많이 부대껴야 하는지.

사실 인생이란 좋아하는 것을 하기보다, 싫어하는 것을 더 많이 해야 하는 구조인지 모릅니다. 학생들은 공부를 싫어하고, 주부들은 설거지를 싫어하지요. 직장인은 매일같이 직장에 가서 상사 눈치 보며 일하는 것도 싫은 노릇입니다.

살아가는 일상도 이처럼 피로한 일투성이인데 무엇이 싫고 좋다고 구분하면 할수록, 나는 그것에 얽매여 자유롭지 못합니다. 내가 틀 지어 놓은 많은 관념들이 힘들게 합니다. 시간이 갈수록 스트레스와 짜증만 늘어나지요.

무엇이 싫으니 좋으니 가리는 것이 많을수록 삶은 불만스럽습니다. 나만의 개성처럼 틀을 고집할수록, 그 틀이 의식들을 견고하게 만들어 버리니까요. 그러면 틀에 갇혀서 의식이 성장을 멈추고 스스로 고집쟁이가 되고 맙니다.

나만의 틀을 만들고, 그 속에 호불호를 가리는 것은 현명하지 않습니다. 때로 분명한 의사 표현이 필요하나, 매사에 호불호를 가리다 보면 자꾸 부정이 늘어갑니다.

행복하게 살기 원한다면 마음 안에 있는 '싫어!', '좋아!' 가리는 의식들을 개선해야 합니다. 사소한 것에 시비를 가리는 마음이 어떻게 행복할 수 있나요. 무엇을 싫어하고 좋아하며 가리기보다 차라리 필요성의 여부나 삶의 유익함으로 접근해 보세요.

밥하기 싫고 청소하기 싫을 수 있습니다. 그런데 이 행위가 필요한 것이며 내 삶에 유익한 결과를 가져온다면, 굳이 싫어하며 억지로 할 이유가 없습니다. 힘든 일일지라도 기꺼이 아니 유쾌하게 할 수 있거든요. 그런 태도가 현명한 것입니다. 깨달음은 이렇듯 일상의 사소한 가운데에서 일어날 수 있는 즐거움이랍니다.

아플 때 삶을 대하는 방법

지독한 복통으로 온몸이 마비되는 듯한 통증을 느껴 본 적이 있나요? 이가 아파서 치과에 가기 전 날, 밤새 통증 때문에 잠 못 이룬 적이 있습니까? 사랑하는 사람이 죽어 가는 모습을 지켜보다 거리로 뛰쳐나가 울부짖은 적이 있는지…….

몸이 아픈 것이든
마음이 아픈 것이든
인생에는 때로 아픔이 깃듭니다.
아픔이 찾아옵니다.

아프지 않고 행복하기만 바라나 그게 쉽지 않습니다. 고통 없이 즐거움만 가득하면 좋으련만 그렇지 않아요. 그런데 인생에 찾아오는 아픔을 어떻게 봐야 할까요. 아픔을 그저 두려움과 불만으로 봐야 하나요?

아픈 만큼 성숙해진다는 말도 있습니다. 아픔 속에서 어떤 메시지를 얻고 성숙해진다면 좋을 텐데요. 몸과 마음이 아프기만 하고 성숙하지 못하면 억울하지 않습니까. 그러니 이참에 아픔을 직시하며, 그 속에 어떤 깨달음이 있는지 찾아볼 필요가 있습니다.

"난 메시지고 뭐고 다 싫어요. 그저 아프지만 않으면 좋겠어."

그렇게 말하는 사람도 있을 겁니다. 털끝 하나 아프지 않고 그저 건강하기만 하면 좋겠지요. 건강이란 중요하니까요. 그런데 살다 보면 배탈이 나거나, 밤새 치통 때문에 끙끙 앓기도 합니다.

피할 수 없는 아픔 속에 어떤 깨달음이 있을까요.

내게 닥쳐오는 아픔이나 고통은 그저 나를 불행하게 만들 뿐인가요?

살면서 육체적 아픔이나 고통은 피할 수 없는 일이 되기도 합니다. 이럴 때 우리 마음은 어떻습니까. 그 아픔과 고통을 인정하고 받아들이며 담담할까요? 아니면 아픔에 쩔쩔매며 힘들까요.

어떤 사람은 조금만 아파도 마음이 흔들리면서 쩔쩔맵니다. 가벼운 감기나 설사에도 매우 부정적이지요. 같은 증세라도 쩔쩔매는 사람이 있는가 하면 의연하게 대처하는 사람이 있습니다.

만일 육체의 아픔에 마음이 쩔쩔매며 힘들다면 어떤 현상이 벌어지나요. 어쩌면 육체적 고통과 마음의 고통이 합해져서 더 큰 통증을 느낄지 모릅니다. 그만큼 스트레스를 받으니 당연하지요. 몸이 아플 때 마음까지 스트레스를 받으면 치유력도 뚝 떨어집니다.

반대로 육체의 아픔이나 고통을 인정하고 받아들이면 회복이 빠를 수 있습니다. 담담하게 평정심을 유지할 때, 비록 아프더라도 스트레스를 덜 받으니까요. 그러면서 아픔의 원인을 찾아 해결해 가면 질병도 빠르게 회복됩니다.

거친 인생을 살아가자면 강인한 정신이 요구됩니다. 대신에 나약하고 소심하면 스트레스가 끊이지 않습니다. 몸과 마음의 아픔에 흔들리는 나약한 정신 대신에, 아픔을 기회 삼아 강인한 정신력을 키운다면 삶이 달라지겠지요. 아픔을 돌파해 갈 때 삶의 작은 깨달음이 일어나며, 그만큼 자유롭고 당당한 일상이 가능해집니다.

부모님 밑에서 부족함 없이 행복하게 살던 이십 대 여성이 있습니다. 그녀는 대학 졸업 후 어떤 회사에서 영양사로 일했습니다. 그런데 조리사들 사이에서 심각한 스트레스를 받았습니다. 스트레스로 불안장애 증상이 나타났고 심한 불면증에 원형탈모까지 왔지요. 그녀는 정신과 병원을 다니면서 동시에 명상을 시작했습니다. 지도자들의 가르침을 받으며 명상을 시작하는 동안, 스트레스를 관리할 수 있게 되었습니다. 물론 삶을 더 긍정적으로 대할 수 있게 되었지요.

미국의 저명한 심장외과 전문의이자 〈닥터 오즈 쇼〉의 사회자 오즈 박사는 "명상을 하면 혈압, 콜레스테롤, 동맥경화증, 뇌졸중, 비만, 당뇨, 심혈관질환 사망을 현저히 줄일 수 있습니다."라고 했습니다.

강인한 정신력과 체력은 명상을 통해 키워 갈 수 있습니다. 명상은 마음을 평온하게 할 뿐 아니라, 정신력을 키우고 건강을 챙기는 데 탁월하게 작용합니다. 이것은 누구나 내면에 잠재된 힘이기도 하니까요.

긍정은 긍정을 끌어오고

외부에 보이는 거대한 우주를 거시우주라고 합니다. 거시우주 속에 존재하는 나는 소(小)우주입니다. 무한우주에서부터 축소해 들어가면 작은 내가 우주에 존재하는 것이지요.

소우주인 나에게 거시우주의 요소가 들어 있는 것처럼, 나의 세포 하나에도 나를 이루는 요소, 즉 유전자 정보가 들어 있습니다. 내 몸 어디에 있는 세포이든 마찬가지지요. 발가락의 세포 하나를 떼어 내 봐도, 나 전체를 구성하는 정보가 들어 있습니다.

이런 현상을 과학계에서는 프랙탈 이론이라고 합니다. 나뭇가지가 비슷한 형태로 뻗어 나가면서 그 모습을 반복하듯이, 거시우주가 미시우주 속에 비슷한 형태로 존재하는 걸 의미하지요.

거시우주에 에너지 파동이 있는 것처럼, 내 안에서도 우주의 에너지가 파동을 일으키고 있습니다.

거시우주에서 태양은 스스로 빛을 내며 주변을 밝히고 있어요. 태양이 존재하므로 지구에 생명들이 살아가게 됩니다. 태양은 스스로 핵융합을 하면서 빛 에너지를 내뿜고 있습니다.

거시우주의 태양처럼 내 마음도 마찬가지로 볼 수 있습니다. 내 마음 안에 핵을 밝혀서 에너지를 일으키게 되지요. 그렇다면 무엇을 어떻게 밝힐 수 있을까요?

상상해 보세요. 내 마음이 밝아지면 거시우주의 밝은 에너지와 공명이 되는 것을. 내 마음과 우주 에너지의 파동이 서로 닿게 되는 것이지요. 그런데 내 안에 미움과 원망, 우울함이 가득하다면 어떤 우주 에너지가 끌려올까요? 당연히 부정적 에너지가 끌려올 것입니다.

사람들은 우주의 긍정 에너지를 끌어당기고 싶어 하는데, 마음이 어두우면 가능할까요?

긍정은 긍정을 끌어오고, 부정은 부정을 끌어오기 마련입니다. 그러므로 먼저 내 안에 긍정과 희망, 지혜가 가득하도록 만들어야 합니다. 내 안에 에너지를 먼저 끌어내야 하는 것이지요. 태양처럼 핵융합을 하며 긍정 에너지를 만들 수 있어야 합니다.

내 마음 안에도 핵이 존재합니다. 이것을 본성이니 주인공이니 '참나'라고 하는데, 과학자들은 '우주의식'이라고도 합니다. 우주가 갖고 있는(무언가 알 수 없지만) 어떤 의식이 존재한다고 보는 거지요.

이름이 무엇이든 본래의 근원적 나를 가리킨다는 점에서 의미는 공통적입니다. 이를 여기에서는 근원의식이라고 표현하겠습니다. 근원적인 나 — 근원의식(자아)이라 합니다.

근원의식은 무의식(심층의식)보다 더 깊은 곳에 닿기 어려운 존재로 봐야 합니다. 인류 역사상 깨닫고자 한 이들이 그토록 다가가려 애쓴 대상이기도 하고요. 그렇듯 내 삶에 진정한 주인공이자 본성인 근원의식에 닿고자 했던 것입니다. 이는 또한 내 속에 잠재력이자 지혜이기도 합니다.

이제 내 속에 근원적인 존재를 수월하게 만날 수 있는 명상이 가능해졌습니다. 선뜻 믿기 어렵고 불가능하다고 여긴다면, 조선시대 사람이 텔레비전이나 인터넷을 이해할 수 없는 것에 비유해 보세요. 조선시대가 아니라 5,60년 전만 해도 믿을 수 없는 문명이 현실에서 구현되고 있지 않습니까. 그처럼 본성(주인공)을 만날 수 있는 명상이 가능합니다.

물론 어떤 사람들은 영혼이나 본성조차 미심쩍어 합니다.

"정말로 영혼이 있습니까?"

"내 속에 본성이 있나요?"

"처처불상*이라고 하는데 정말 그런가요?"

이렇게 반문하지요.

영혼 혹은 본성(주인공)이 있는가 없는가 따지면 끝이 없을 것입니다. 특히 이것이 없다고 주장하는 사람에게 반박하기란 매우 어렵지요. 눈에 보이거나 만질 수 없는 것을 어떻게 설명하겠습니까.

옛사람들은 지구가 둥글다고 생각하지 않았습니다. 지구는 평평한 상태로 바다 끝까지 가면 낭떠러지가 있을 거라고 여겼지요. 그러나 지금은 초등학교만 들어가도 지구가 둥글며 자전과 공전을 한다고 배웁니다. 이처럼 내가 믿거나 안 믿거나 존재하는 것은 부정될 수 없겠지요.

동양의 종교들은 대체로 우주와 나를 동일시합니다. '처처불상'이라는 말에는 우주의 모든 생명 속에 본성이 존재

* 곳곳이 부처라는 뜻.

한다는 의미도 담겨 있습니다. 심지어 똥 막대기조차 본성이 깃들어 있다고 하지요. 모든 만물 속에 우주의 근원적인 성품이 존재한다고 봅니다. 마치 내 몸의 세포 하나를 떼어 내 보면 나 전체의 정보가 담겨 있는 것처럼, 우주의 성품이 모든 생명들에게 담겨 있다는 것이지요. 그렇듯 근원적인 나는 분명히 존재합니다.

그런데 현실에서 인식하고 있는 나와 무엇이 다를까 헷갈릴 수 있습니다. 해서 다시 주의를 준다면 '나'를 단일한 개체로 여기지 말아야 한다는 것이지요. 내 몸이 수십 조의 세포로 이루어져서 다양한 기관을 이루는 것처럼 마음의 세계도 마찬가집니다.

현실에서 인식되고 있는 '나'는 살아오며 만들어진 의식들의 조합입니다. 나만의 환경과 경험 속에서 학습된 의식으로 무장된 작은 나들이지요. 그래서 나만의 고정된 개념과 관념으로 살아온 것입니다. 그리고 진정한 나 — 근원적인 나는 엄마 배 속에서부터 존재했던 것이고요. 영혼이라는 혹은 본성이라는 이름으로 말입니다. 이는 태양의 핵처럼 핵심적인 존재라고 봐야 합니다.

인간의 마음속에는 분명히 나를 키우는 무엇인가
들어 있으며, 이를 극복할 힘 또한 내재돼 있습니다.

명상은 우리의 가능성을 이끌어 낸다

우리는 살아가며 피할 수 없는 상황을 많이 만나게 됩니다. 불가항력의 힘이 나를 제압할 때가 있습니다. 어쩌면 죽을지 모른다는 공포감에 사로잡히기도 합니다. 홍수가 나거나 지진이 일어날 때 어떻습니까. 설령 나에게 닥친 일이 아닐지라도 뉴스를 통해 자연재해를 보게 되면 어찌해야 할지 모르겠지요.

때로 우리는 삶을 두려워하며 하늘이 무심하다 한탄합니다. '천지불인※'이라, 하늘과 땅은 어질지 않다고 옛사람들이 말했습니다. 그만큼 자연의 움직임이 불가사의하기 때문이지요.

※ 천지는 만물을 생성화육함에 있어, 억지로 인심을 쓰지 아니하고 자연 그대로 맡김.

쓰나미가 밀려올 때 착한 사람은 살아남고, 악한 사람은 죽는 그런 일이 없습니다. 자연은 철저히 우주의 법칙에 따라 일어날 뿐입니다. 자연은 아름다우면서도 냉혹한 현상들을 보여 주기에 우리를 왜소하게 만들기도 합니다. 그래서 나라는 존재가 바닷가 모래알 같다 여기게 되지요.

한데 '나'는 정말 왜소하고 모래알 하나처럼 있으나 마나 한 것인가요? 그게 진실일까요?

얼핏 보면 그런 면이 사실처럼 느껴지기도 합니다. 그러나 그게 진실은 아닙니다. 그렇다면 어떻게 접근해야 바람직할까요? 과학적으로 분석해 보면 만족할 만한 결과가 나올까요?

아쉽게도 과학이 우주의 비밀을 모두 파헤치지는 못합니다. 물질을 잘게 쪼개어 현미경으로 들여다보면, 원자 속에 전자가 있고 그 속에 다시 쿼크*가 존재합니다. 그 안에서 일어나는 입자와 파동의 현상은 실로 놀랍습니다. 어떻게 단단한 물질 속에 에너지의 파동이 존재할까요? 관찰자의 입장에 따라 물질로 관찰하면 물질만 보이고 파동은 보이지 않는답니다. 반대로 에너지나 파동으로 관찰하면 에

* 우주를 구성하는 가장 근본적인 입자.

너지나 파동이 보이는데 물질로는 보이지 않고요. 참 놀라운 일이지요.

이는 관찰자의 시각에 따라 같은 것도 전혀 다르게 보임을 알려 줍니다. 내가 이 우주를 보는 것도 입자의 관점에서 보면 먼지처럼 작고 무의미할 수 있습니다. 그런데 파동의 관점에서 보면 어떨까요. 이때는 나와 우주 전체가 하나로 어우러지는 존엄한 존재가 됩니다. 즉, 모든 생명과 자연과 우주가 거대한 파동 속에 존재하는 것입니다.

살아가는 일상 속에 수많은 현상도 내가 어떤 관점에서 관찰하는가에 따라 전혀 다르게 보이고 다르게 다가옵니다. 입자와 파동처럼 말이지요.

현대 과학에서는 우주의 암흑 에너지와 암흑물질의 존재를 말하고 있습니다. 물질도 아니며 눈에 보이지 않지만, 우주의 대부분을 차지하는 불가사의한 에너지와 물질이 있다고 얘기합니다.

이 우주는 눈에 보이는 것은 매우 작은 수치에 불과하며, 눈에 보이지 않는 것이 대부분을 차지하고 있다는 거지요. 과학은 눈에 보이는 물질계도 여전히 미개척 상태가 많습니다. 그러니 마음의 세계는 더욱 접근이 어려울 수밖에 없지요. 물론 언젠가 과학이 한계를 넘어서서 '진실'의 세계를 규명할지 모릅니다만.

과학이 아닌 마음으로
다가서야 하는 '진실'이 존재합니다.

정말 중요한 것은 눈에 보이지 않는다고 하지요. 눈에 보이지 않는 세계를 마음으로 다가서는 것이고, 이를 위해 명상이라는 도구가 필요합니다.

우리는 명상을 통해 과학으로 접근할 수 없는 세계에 다가서려 합니다. 그것은 과학으로 설명할 수 없으나 분명히 존재하며, 마음에 어떤 작용을 일으키기 때문입니다.

삶에 대한 의문 앞에서
극심한 신체의 고통이나 정신적 아픔 속에서
죽음에 직면한 순간조차
이를 초월하고 직시할 수 있는
내적 힘을 이끌어 내고자
명상을 원하게 됩니다.

인간은 물리적으로 약한 존재입니다. 동물의 속성을 기

준으로 본다면 약한 면이 한둘이 아니지요. 우리는 독수리처럼 날지도 못하고 표범처럼 날렵하지 못합니다. 달아나는 생쥐 한 마리 못 잡을 만큼 느리고 둔한 면이 있습니다.

그러나 우리는 뛰어난 정신과 마음을 지니고 엄청난 진화를 이루었습니다. 어떤 동물도 만들지 못하는 우주선과 잠수함을 만들고, 스마트 폰으로 전 세계를 연결하고 있는 존재가 인간입니다.

이 위대하고도 영리한 존재가 이제 무엇에 다가서야 할까요? 이토록 뛰어난 문명 속에서 다시 어느 방향으로 진화를 모색해야 하나요? 어쩌면 물질문명은 고도로 발전했는데, 이것을 쓰는 정신은 아직 어린아이에 불과한 건 아닌지. 마치 행동이 미숙한 아이에게 총을 쥐어 준 것처럼 불안한 세태이기도 한데요. 물질문명이 발달한 만큼 이를 사용하는 정신문명도 발전해야 하는 것을 놓치지 말아야 할 것입니다.

인류는 오랜 세월 동안 마음 안에 작용하는 현상을 주목해 왔습니다. 마음이 전하고자 하는 무언가를 감지하며 이에 부응하고자 애를 써 왔습니다. 그렇기에 수많은 명상과 수행의 방법들이 탄생한 것입니다. 이제 좀 더 진화된 명상을 배울 시점이 되었습니다.

불가항력의 상황을 탄식하지 말고
다른 시각으로 접근해 보세요.

인간의 마음속에는 분명히 나를 키우는 무엇인가 들어 있으며, 이를 극복할 힘 또한 내재돼 있습니다. 마음이 그것을 알고 있습니다. 그 마음에 귀를 기울여 보세요. 깊고 진실한 마음을 따라가 보세요. 그러면 새로운 희망과 용기가 일어날 것입니다.

참된 명상은 내면에 잠재된 다양한 능력을 이끌어 내 줍니다. 그것은 삶에 대한 현명함과 용기를 의미합니다. 정신이 뛰어나고 마음을 능숙하게 다루는 사람은, 죽음조차 이겨 낼 힘을 가질 수 있습니다.

성공한 세계의 유명인, 기업인들도 명상으로 위기를 극복하고 가능성을 끌어내고 있습니다. 스티브 잡스도 명상으로 심신을 단련했고, 노벨물리학상 수상자인 브라이언 조지프슨도 명상으로 생각을 질서 정연하게 했다고 합니다.

인생의 여정에서 부딪히는 온갖 상황에 굴하지 않는 인간의 모습은 얼마나 아름다운지! 그런 내적 힘을 지닌 모습으로 나를 승화시킬 필요가 있습니다.

명상 이야기
넷

명상은 나에 대한 사랑입니다.
스스로 존중하며
존엄하게 대하는
'자기 사랑'의 시작이지요.
이 사랑은 나를 살아나게 하고
주변을 살아나게 합니다.

자기 사랑은 쉬운 듯하면서도 어려운 과제이지요.
누구나 자기 사랑을 알고 있지만
어떻게 나를 사랑해야 하는지 잘 모릅니다.
나를 비난하기는 익숙해도 존엄하게 대하는 것은
어떤 것인지 모르고 살아갑니다.
수많은 실수와 시행착오를 겪는 인생의 여정
가운데서 어떻게 나를 다독이며 격려해야 할까요.

이것에 대한 추구가 필요하지 않을까요?

명상은 마음을 자유롭게 하기 위해 하는 것입니다.
그 무엇에도 흔들리지 않는 편안함…….
그래서 자유롭지요.
살다 보면 누구나 조금씩 흔들릴 때가 있습니다.
인생은 늘 파동 치므로 그걸 막을 수는 없어요.
다만 흔들리고 파동 치는 속에서
얼마나 자유로운가가 중요하지요.
내 마음과 일상이 무엇에도 묶이지 않는
자유로움이 있다면 행복하지 않을까요?

누군가 다가오고 떠나가도
실패하거나 성공해도
아프거나 건강하거나
살아가거나 죽거나
자유로울 수 있어야 합니다.

5부

인생 흑자를 위한 마음경영

명상을 시작하면
일상이 어떻게 변할까

'나'는 단일한 존재가 아니라 수많은 의식 연합체로 구성돼 있습니다. 이 의식들은 각각 우주가 가진 모든 요소를 갖고 있지요.

하이에나 같은 마음이 있는가 하면
백합 같은 마음이 있습니다.
구름 같은 마음이었다가
순수한 첫눈 같은 마음도 일어납니다.
내 마음이 우주를 닮아 있습니다.

내 몸이 우주의 원소로 이루어진 것처럼 마음도 그렇습니다. 내 몸을 이루는 수십 조의 세포가 살아 움직이듯이, 마음 또한 헤아릴 수 없는 의식의 내가 존재하며 희로애락을 일으킵니다.

명상은 마음이라는 우주를 다스리고 진화시키기 위해 필요한 도구입니다. 내 마음에 담긴 우주의 요소들을 일깨워서 더 아름답게 하는 것이지요.

깨달음이란 단어를 풀어 보면 '깨어서 다다른다'는 뜻입니다. 이는 내 속에 어리석음을 깨어서 밝게 살아나게 하는 것이지요. 우주를 닮은 온갖 요소들이 내 속에 있는데, 이들을 깨어나게 해서 진화하도록 한다는 의미입니다.

세상 모든 것들은 탄생과 함께 성장, 성숙, 진화의 단계를 밟습니다. 어떠한 사상이나 철학, 문명도 그렇습니다. 아무리 좋은 것도 성숙하고 진화하지 못하면 사라지고 맙니다.

의식세계도 마찬가집니다. 의식들도 어떤 계기로 형성이 되면 성장해서 성숙해야 하고 진화까지 갈 수 있어야 합니다. 만일 성장해서 성숙하지 못하면 영악해지다가 쇠퇴하지요. 성숙해서 진화하지 못해도 역시 쇠퇴와 소멸을 피할 수 없습니다.

그럴 때 우리 마음은 딱딱하고 황폐해지는 현상이 일어납니다. 그래서 마음을 비운다, 버린다, 뺀다, 식의 접근법에는 한계가 있습니다. 이제 마음속 의식들을 깨우고 계발하며 진화시켜야 합니다. 이때 진화(進化)의 진은 참될 진(眞)입니다. 즉, 내가 참되어진다는 의미입니다.

어리석은 의식 하나를 깨우고
진화시킬 때의 기쁨을 상상해 보세요.

역대에 깨달은 이들은 공통적으로 매우 이성적이며 폭넓은 상식과 진리로 무장돼 있었습니다. 그들은 깨달음에 대한 욕심이나 특별한 경지를 탐내지 않았습니다. 그렇다면 깨달음에 도달할 수도 없었을 것입니다.

석가모니도 그런 곁가지를 조심하라고 했습니다. 신기한 체험이나 현상을 겪으면서 깨달음을 탐내기에 조심하라는 것입니다. 하지만 사람들 심리가 '깨달음'을 얻으면서 신기하고 특별한 것도 느끼고 싶어 하지요. 그것이 함정인 줄도 모르고요.

인간의 진정한 능력이 그저 육체적 초능력이나 그런 것일까요? 그게 인간으로서 이루어야 할 능력이겠습니까? 만일 그게 전부라면 우리는 동물적인 형태의 진화에 더 많은 힘을 기울여야 했을 겁니다. 이를테면 사자처럼 강인한 몸이라든가 독수리의 날개라든가 치타의 날렵함으로 무장이 되어야 하지요. 하지만 인간의 몸은 그런 동물들에 비해 나약하고 둔감합니다.

인간은 정신적으로 진화하는 존재입니다. 정신, 의식, 마음이 진화하는 존재이기에 다른 동물보다 뛰어날 수 있습니다. 삶과 우주에 대해 사유하는 존재가 인간입니다. 밤하늘에 반짝이는 별을 보며 나는 누구인가 삶이란 무엇인가 하고 사유하는 존재입니다.

인간이 인간다울 수 있는 것은 사유하는 힘이며, 이를 통해 자신을 깨우고, 세상과 삶에 대한 바른 가치관을 갖는 것입니다. 그러기 위해 명상이라는 도구가 필요합니다.

명상이란 깊은 사유를 통한 추구이며
진리에 대한 목마름이며
삶의 본질에 다가가기 위한 도구입니다.
그저 단순히 생각을 끊거나
괴로움을 잊기 위한 수단이 아닙니다.
나의 내면을 깨우고 치유하며 계발하는 과정이
명상을 통해 이루어질 수 있습니다.

세상은 나만큼이나 완벽하지 않다

근원의식(근원자아)은 진정한 나로서 매우 지혜로우며 무궁한 잠재력을 지니고 있습니다. 서양 속담에 '진정한 스승은 내 안에 있다'고 하는데 그게 바로 근원의식의 나입니다. 근원의식의 나는 나를 가장 잘 알고 있으며, 내가 원하는 삶의 청사진을 갖고 있는 존재입니다.

'설마 그럴 리가! 나처럼 별 볼 일 없는 사람이 그럴 리가 없어……'라는 생각이 든다면, 자신의 어리석은 관념이 주장하는 것으로 보면 됩니다. 살아온 세월 동안 어찌어찌 해서 형성된 의식들이 자신을 별 볼 일 없다고 여기게 할 뿐입니다.

민들레 씨앗을 생각해 보세요. 씨앗 하나에는 민들레를 탄생시킬 수 있는 정보와 능력이 담겨 있습니다. 그래서 일정한 조건이 갖춰지면 자기를 활짝 꽃피우게 됩니다. 사과씨나 복숭아씨도 마찬가지지요. 만물의 씨앗 속에는 자기를 꽃피우고 열매 맺을 수 있는 정보와 능력, 즉 잠재력이 있습니다.

만물이 그럴진대 하물며 만물의 영장인 인간은 어떻습니까. 나의 내면에 그런 정보와 잠재력이 없을까요? 아닙니다. 당연히 나를 아름답게 꽃피울 수 있는 정보와 힘이 내재돼 있는 것입니다.

겉으로 드러나는 '나'는 근원의식의 발현과 구현을 위한 시스템이라 할 수 있습니다. 겉으로 보이는 몸이나 표정, 행동이 그런 것이지요. 원래 겉의 나는 본성의 자기다움을 구현하기 위한 건데, 살아오며 훈습된 의식으로 인해 참된 발현과 구현이 안 되고 있는 상태입니다. 그래서 '나'는 사는 것에 자신이 없고, 걸핏하면 위축되기도 하는 것이지요.

이제 그런 모습을 나의 전부라고 생각하지 마세요. 내 속에는 애초 세상에 올 때 나만의 아름다운 삶을 구현하기 위한 정보와 힘이 존재하니까요. 마치 하나의 민들레 씨앗처럼 말이지요.

그렇다면 혹시 이런 의문이 들 수도 있습니다.

'뛰어난 발명가나 천재들이 명상을 해서 잠재력이 살아난 것은 아닌데?' 싶지요.

물론 그렇습니다. 한데 그들이 느낀 직관이나 영감은 어떻게 설명해야 할까요. 이것은 평소 겉의 나로 인해 일어난 현상은 아니거든요. 깊이 몰입하고 사유할 때 일어난 현상입니다.

우리는 그런 현상을 초자연적인 혹은 불가사의한 현상이라 여기며 특별한 사람에게만 일어나는 것으로 여깁니다. 하지만 이는 누구나 다다를 수 있는 경지라 할 수 있습니다. 다만 그만큼의 몰입과 건강한 사유 체계가 필요하겠지요.

그렇다고 해서 근원적인 내가 완벽한 것은 아닙니다. 이게 착각입니다. 흔히 본성이다, 주인공이다, 하면 완벽한 어떤 존재 — 추호의 실수나 실패가 없는 어떤 것 — 로 생각하는데 그렇지 않습니다.

곰곰이 생각해 보세요. 우리는 깨달음이나 주인공 얘기를 하면서 어떤 완벽한 상태를 상상합니다. 그런데 대체 완벽한 상태라는 게 어떤 기준에서 나왔을까요? 어쩌면 그것은 대중들의 헛된 바람이 아닌가요?

어떤 사람은 이 우주가 완벽하다고 주장합니다. 그래서 자신도 완벽한 깨달음을 얻고 싶다고 합니다. 참 어리석은 발상이지요. 이 우주가 완벽한 상태라면 어째서 끊임없이 진화의 몸부림을 치고 있을까요?

만일 이 우주가 완벽하다면 우리의 삶도 완벽하게 아무런 걱정이나 괴로움이 없어야 합니다. 우주가 완벽할 거라는 그 생각이 바로 어리석은 의식이 만들어 낸 관념입니다.

우주는 오랜 세월 동안 진화해 왔습니다. 자연의 모든 생명도 쉬지 않고 진화의 과정을 거치고 있습니다. 우리도 마찬가집니다. 내 마음도 그렇고요. 현재의 나 역시 진화의 여정 속에 있습니다. 그러니 나를 못났다 구박할 이유가 없습니다. 우리 모두 현재 진행형이니까요.

현재 자라고 있는 나무를 덜 자랐다고 해서 못났다 할 수 있습니까. 백 년 된 나무가 일 년 된 나무를 비웃어야 하나요?

모든 생명은 더욱 아름답게 진화하기 위해 현재를 살고 있는 중입니다. 더 아름답고 지혜로운 내가 되고자 하는 본성을, 완벽한 어떤 것으로 설정하는 건 바람직하지 않습니다.

본성과 만나는 명상

'근원명상'은 초월적 이성의 나와 근원적인 나(본성/주인공)가 바로 만나는 혁신적인 명상법입니다.

과거의 명상들은 본성을 찾아가기 위해 험난한 과정을 거쳐야 했으나, 이제 쉽고 빠르게 본성을 만날 수 있게 된 것입니다. 이는 '의식세계' 메커니즘을 정밀하게 밝히고, 무형의 세계를 낱낱이 꿰뚫어 냄으로써 일궈 낸 쾌거입니다.

과거에는 깨닫기 위해 혹은 본성을 만나기 위해 세상의 유혹을 끊고 산으로 들어가도 쉽지가 않았습니다. 그만큼 마음의 세계에 접근하기 어렵다는 뜻입니다. 그래서 길 없는 길이라 하고 문 없는 문이라 했습니다. 길이 보이지 않고 어디가 문인지 알 수 없었던 것이지요.

이제 과학이 발전한 것처럼 한결 발전하고 진화된 명상을 할 수 있게 되었습니다. 근원명상은 길 없는 길을 막연히 더듬거리며 찾아가는 것이 아니라, 구체적으로 의식세계를 접근해서 이해하며, 정확한 지도(map)를 보며 갈 수 있는 명상입니다.

근원명상에서는 초월적 이성이 중요합니다. 이성이 제대로 서야 본성과 쉽게 만날 수 있으며, 본성과 함께 의식을 깨워 갈 수 있습니다.

본성은 초월적 이성과 만나지 않으면 힘을 쓸 수가 없습니다. 몸만으로 살아오며 갖게 된 관념과 개념을 고집하면, 본성도 지혜를 발휘할 수 없는 것입니다.

초월적 이성이 서면서 본성을 만나게 되면, 본성이 움터 나오면서 지혜의 창고가 열리게 됩니다. 그렇게 되면 생각만으로 바꾸기 힘든 마인드나 습관 습성이 한결 쉽게 변할 수 있습니다. 마음에서 일어나는 온갖 감정과 욕구를 억누르며 씨름하는 것이 아니라, 본성과 초월적 이성이 합세해서 심층의식을 깨울 수 있기 때문입니다.

다만 본성과 초월적 이성이 만난다고 해서 단박에 높은 경지에 오를 것으로 기대하면 안 됩니다. 과거 견성을 한 이들은 사전에 많은 노력과 준비 과정을 거쳤기에 본성과 만나 어느 정도 경지에 도달할 수 있었습니다. 그러므로 근원명상을 해서 본성과 만나도 기존의 마인드와 가치관,

심층의식에 깨워야 할 어리석은 관념은 아직 있으니 적절한 과정을 거쳐야 합니다.

근원명상을 하고 나면 본성의 시각으로 세상을 살아가는 훈련이 시작됩니다. 과거 훈습된 관념으로 보던 세상을 한층 업그레이드된 시각으로 보는 것입니다. 이때에도 초월적 이성이 서야 바람직하며, 이성과 본성이 일치되면서 점점 지혜롭고 자유로운 일상이 가능해집니다.

내 마음의 주인이 되어야 삶이 자유로울 수 있습니다. 근원명상은 진정한 나의 삶이 시작되는 시그널이기도 합니다.

근원명상을 시작하면 일상에서 어떤 변화가 일어날까요? 먼저 내면에 잠자고 있던 아름다운 의식들이 살아납니다. 초기에는 마음이 따스해지고 부드러워지며 타인에 대한 넉넉함과 배려가 살아나는 것을 경험할 수 있습니다. 스트레스나 우울로 힘들어하던 사람들은 빠르게 밝은 모습을 회복하기도 합니다. 명상은 백신 프로그램이라 할 수 있습니다. 백신의 효력이 나타나면 불필요한 생각들이 정리되고, 알코올중독이나 음식중독에서도 벗어날 수 있습니다. 그러니까 자가 치유력, 조절력이 향상되는 것이지요. 몸을 움직이려면 에너지가 필요하듯이 마음도 힘이 있어야 아이디어도 떠오르고 지혜가 생겨납니다. 근원명상은 이런 조건을 충족시키는 데 탁월합니다. 그리고 사물이나 상황을 보는 시각도 달려져 세상을 보는 눈이 변화합니다.

진짜 '나'는 절망 속에서도 살고 싶어 한다

깊은 마음이 가는 대로 살아 보세요.

'마음이 가는 대로'의 의미는 아무렇게나 산다는 뜻이 아닙니다. 여기서 마음이란 감정이나 욕망과 다른 의미입니다. 겉으로 드러난 감정, 욕망, 생각들과 다른 '깊은 마음'을 말합니다.

세상에 태어나 훈습된 겉의 마음이 아니라, 근원적인 나의 마음을 느껴보세요. 그 마음이 무엇을 속삭이는지를…….

명상은 근원적인 나의 깊은 마음을 느끼는 것입니다. 그 깊은 마음이 원하는 길을 찾아가고자 하는 것이고요.

겉으로 드러난 나의 마음은 곧잘 이렇게 표현합니다.

"인생이란 골치 아프고 힘든 거야. 그러니 적당히 잘 먹고 잘 살면 되는 거지."

"인생은 허무한 거야. 빈손으로 왔다가 빈손으로 가는 걸. 그러니 아무렇게나 살아도 상관없어."

그런데 근원적인 깊은 마음은 다릅니다. 다른 느낌으로 속삭이지요.

'인생은 무언가 의미가 있을 거예요. 나도 무언가 가치 있는 삶을 살고 싶어요.'

'삶이란 소중한 게 아닐까요? 개미의 삶도 민들레의 삶도 소중해 보여요. 저마다 최선을 다하며 사니까요.' 이렇게 속삭이는지 모릅니다.

때로 절망스러워서 죽고 싶기도 합니다. 누구라도 죽고 싶다는 유혹을 느꼈을 겁니다. 그냥 하루하루가 귀찮아서 혹은 매번 반복되는 일상에 지쳐서 죽음을 생각합니다.

그런데 이때 깊은 마음에서 아니라고 말하는 무언가를 느낍니다. 그냥 귀찮은 인생 때려치우자 호기롭게 말하다가도, 그게 아니라는 메시지를 전달받게 됩니다. 깊은 마음에서 말이지요.

깊은 마음은 무엇을 얘기하는 걸까요?

누군가 미워서 미움의 감정이 일어날 때 그러지 말자고 하는,
사는 것이 힘들어서 다 놓아 버리고 싶을 때 아니라고 하는,
그냥 문득 우울해져서 마냥 울고 있을 때 위로해 주는,
절망의 끝에서 삶을 푸념할 때 그게 아니라고 하는…….
깊은 마음의 이 느낌은 무엇일까요?

깊은 마음은 우주와 닿아 있습니다. 알 수 없는 우주와 통하고 있지요. 그래서 삶과 죽음이 분리되지 않고, 고통과 행복이 나뉘지 않습니다. 그냥 모든 것을 초월한 모습으로 언제나 나를 지켜봅니다.

모든 것을 초월해서 보고, 통찰하며, 뛰어넘고자 하는 지적이며 영적인 존재 — 알 수 없는 무언가 — 를 알려 주는 깊은 마음…… 이에 도달하는 명상을 시도해 보세요.

진정한 명상은 본성과의 만남이 쉬워야 합니다. 그래서 명상을 통해 지혜가 살아나고 잠재력이 발휘될 수 있어야 하지요.

우리는 깊은 마음이 원하는 대로 살고 싶어 합니다. 정말로 내 마음이 원하는 길로 가고 싶은 거지요.

내 깊은 마음에 밝고 순수한 본성의 나에게, 지혜와 능력이 있으니 그에게 닿고자 하는 것입니다.

누구나 자아의 구현을 위해 이 세상에 온 것입니다.

한 송이 민들레처럼, 한 그루 느티나무처럼.

문명이 발달하고 사회가 복잡해질수록 명상이 필요합니다. 인간은 정신적 존재이기에 결국 정신적인 것과 마음의 행복을 추구하는 것이지요. 그래서 명상이 필요합니다.

그런데 일반적으로 대중이 따라 하는 명상은, 잠시 마음을 가라앉히기 위해 명상 음악을 듣거나, 유튜브에서 하는 대로 따라 하며 위안을 얻는 것인데요. 잠깐의 위안이 필요하다면 그것도 나쁘지 않습니다.

이제 마음을 다스리고 경영하는 명상은 어떨까요?

마음을 경영한다는 의미가 생소할 수 있으나 잘 생각해 보면 공감이 될 겁니다. 이것은 넓은 의미로 인생을 경영하는 것이기도 하니까요. 내 마음을 능숙하게 다스리며 하루하루 지낼 때, 인생 전반을 경영하는 게 됩니다.

우리는 조그만 가게 하나도 온갖 궁리를 해서 유지하려 합니다. 구멍가게 하나라도 흑자를 내려면 많은 노력이 필요하지요. 하물며 인생은 어떻습니까. 한 번뿐인 인생의 흑자를 내기 위해 노력해야 하지 않을까요?

"흑자든 적자든 상관없어. 난 대충 살 거야."

이렇게 반박할 수도 있습니다.

한데 대충 살면서 적자를 낸다는 것은 무척 불행한 일상을 의미하지요. 날마다 스트레스에 시달리고, 온갖 감정과 욕구 욕망에 끌려 다니며 '나'를 주체 못하는 것입니다.

어디 그뿐인가요? 끊임없이 남들과 비교하며 열등감에 시달리거나 자기 비하에 빠집니다. 아침에 해가 뜨면 또 지겨운 하루가 시작되고, 어쩔 수 없이 학교에 가거나 직장에 갑니다. 언제 어디서나 불행한 현실 속에 머무는 것이지요. 그게 적자 인생입니다.

흑자 인생은 한마디로 인생이 즐겁습니다. 사업을 하면서 돈 많이 벌 때 즐거운 것처럼 즐거운 인생이 되는 겁니다. 흑자 인생이란 내 마음을 다스리고 계발하며 잘 경영한다는 의미이기도 하고요. 그래서 마음이 밝고 건강하기에 몸도 자연스레 건강해집니다.

마음을 잘 경영하는 사람은 난관에 부딪쳐도 끈기와 집념으로 어려움을 돌파해 갑니다. 마음경영이 잘되는 사람은 그만큼 강인하고 지혜로우니까요. 그래서 인생 자체가 흑자가 되지요.

아무렇게나 즉흥적으로 감정대로 사는 사람은 좀 다릅니다. 매번 현명한 판단이 어렵고 생각이 부정적으로 흘러서 낭패를 보기가 쉽지요. 그러니 적자 인생이 될 수밖에 없습니다.

마음을 경영하는 것은 행복하기 위함입니다. 행복하게 살기 위해 마음을 다스리며 경영하는 것이지요. 마음을 능숙하게 다스리고 경영하게 되면 삶 전체가 놀랍게 변화합니다.

내 안의 무질서 어떻게 할까

모든 생명은 끊임없이 질서와 무질서를 오가며 생로병사를 거치게 됩니다. 태어나 성장하고 성숙하다가 어느 순간 늙고 죽어 갑니다. 물론 제 명을 다하지 못하는 경우도 있으나 우주의 순리가 그렇습니다.

일상에서도 질서와 무질서가 반복되지요. 아침에 침대에서 일어나면 밤새 뒤척인 이부자리가 무질서한 모습이 됩니다. 그래서 다시 정돈을 하고 하루를 시작하지요.

내 마음도 그렇습니다. 무의식(심층의식)은 혼란스럽고 무질서한 모습입니다. 하루에도 수없이 감정이 오르내리고 욕구와 욕망이 춤을 춥니다. 그래서 엔트로피*가 증가하면

* 엔트로피 법칙은 모든 물질과 에너지는 오직 한 방향으로만 바뀌며, 질서화한 것에서 무질서한 것으로 변화한다는 열역학 제이 법칙이다.

다시 차분하게 하는 과정이 필요하지요.

엔트로피는 열역학에서 무질서해지는 현상을 의미합니다. 자연의 모든 것은 무질서를 향해 간다는 뜻입니다. 이를 테면 물에 잉크를 떨어뜨리면 잉크 분자가 물 전체에 골고루 퍼집니다. 잉크 방울이 모여 있는 상태를 질서 있는 상태라고 하면, 잉크가 퍼져 있는 상태는 무질서한 상태라고 할 수 있습니다. 이처럼 자연은 무질서한 상태로 나아가려 합니다. 이를 엔트로피 증가의 법칙이라고 합니다.

엔트로피에 반대되는 것이 '생명'입니다.

자연의 대부분은 엔트로피 증가로 가는데, 그 반대로 가는 현상이 생명의 모습입니다. 생명은 무질서한 것을 다시 조직화하는 과정이기도 합니다. 그래서 무질서해 보이는 땅에서 새로운 생명이 움터 나고 고운 열매를 맺기도 하지요. 이것은 정신적 차원에서도 마찬가지입니다.

우리 몸은 당연히 시간의 흐름에 따라 엔트로피 현상을 겪습니다. 무형의 세계인 마음의 세계도 엔트로피 증가 현상이 일어납니다. 즉, 마음을 방치하면 내 심리가 흐트러지며 부정과 무질서로 향해 가지요. 그래서 마음을 다스리고 깨우는 것이 중요합니다. 무질서로 향해 가는 것을 다시 바람직한 질서로 짜게 됩니다. 그런 현상으로 진행되는 것이 긍정이며 희망, 가치, 보람이라 할 수 있습니다.

대표적인 생명의 힘은 나의 주인공(본성)으로 볼 수 있습니다.

나의 주인공(본성)은 이 세상에서 자신의 아름다운 이상을 구현하기 위해 질서를 유지하며 진화를 모색합니다. 즉, 정신의 무질서를 질서로 잡아가며 성숙해지고자 하는 것이지요. 이때 심층의식에서는 온갖 관념과 욕망, 감정이 무질서하게 올라오지만, 이를 뛰어넘어 질서로 나아가려 하게 됩니다.

살다 보면 때로 허무감에 휩싸이고 욕망에 사로잡히기도 하나, 본성은 언제라도 질서를 회복하며 더 나은 방향으로의 진화를 시도하는 것이지요.

그렇다면 주인공(본성)이 세상에서 구현하고자 하는 이상(理想)은 무엇일까요? 어떤 모습의 나를 구현하고 싶은 걸까요? 그저 단순히 잘 먹고 잘 놀다 가면 되나요? 아니면 돈이나 권력을 쟁취하려고만 할까요?

주인공은 꿈의 덩어리입니다. 주인공은 이 세상에 자신의 꿈을 펼치려고 온 존재입니다. 이 꿈은 단순하게 세상에서 말하는 지위나 재물이 아닙니다. 돈을 많이 벌거나 대통령이 되는 것만이 꿈은 아닙니다. 민들레 씨앗 하나가 자기를 꽃피우기 위해 노력하는 것처럼 주인공도 마찬가집니다.

꿈은 지위가 아니라 가치입니다. 진정한 꿈은 외적인 것에 치중하지 않습니다. 대통령이나 장관 같은 자리나 지위가 아니지요.

'아니, 그러면 주인공은 속세를 떠나서 살고자 하는 건가?'

'어떤 자리나 지위는 무의미하다는 말인가?'

이렇게 생각할 수도 있으나 꼭 그렇지는 않습니다.

이 세상을 살아가려면 돈이나 권력도 필요합니다. 그래서 그것을 잘 쓰고 다스리며 가야 하지요. 그것을 외면하거나 무시하는 게 아니라, 가치 있게 쓰는 것입니다.

다만 대다수 사람이 그런 것을 잘 쓰며 가기보다, 돈이나 권력에 묶여 버리니 문제가 됩니다. 세상에 어떤 것도 나를 묶는 순간 자유로울 수 없습니다. 그런데 돈이 많아서 그걸 지키고 누리려고 할 때 그만 묶여 버리고 맙니다. 권력도 마찬가지고요. 그런 것이 삶의 목표가 될 때 허망해지며 엔트로피가 증가하게 됩니다.

이제 우리가 추구하는 '가치'에 대해 생각해 볼 때입니다. 우리가 이 삶을 통해 얻고자 하는 가치를 잘 봐야 합니다. 이때 가치는 물질에 치중된 가치만을 말하는 게 아니라 정신적인 것을 의미합니다. 인간은 정신적 존재이기에 나의 가치 또한 정신적 측면을 봐야 하지요. 내가 어떤 정신의 소유자이며, 어떠한 가치를 중심으로 나를 구현할 것인가 찾아봐야지요.

내 속의 주인공 혹은 본성은 나를 아름답고 지혜롭게 구현하고 싶어 합니다. 그것이 무엇인지 지금 초월적 이성의 내가 찾아서 이루어가면 참 좋습니다. 그게 삶의 진실이기도 하니까요.

우리는 순간을 살고 있으나, 이 순간 속에 영원이 와 있다는 걸 알 수 있습니다. 가령 엄마 배 속의 태아가 어류에서 양서류, 파충류, 포유류의 모습을 거치면서 사람의 모습이 되어 갑니다. 아주 짧은 시간 속에 수십억 년의 역사가 담겨 있는 것이지요. 순간 속에 영원이 존재한다는 의미입니다.

하루살이 곤충의 삶을 사람의 수명에 비교하면 순간과도 같습니다. 하루살이에게는 하루라는 시간이 삶의 전부입니다. 그렇다고 해서 무의미할까요? 그런 식으로 비교하면, 천 년을 산 은행나무에 비해 우리네 삶 역시 무의미할 수 있습니다.

중요한 것은 수명의 길고 짧음이 아니라 '어떻게?' 살고 있는가 하는 것입니다. 내가 지금 이 순간이 불만이고 우울하다면, 나는 순간 속에 영원이 와 있는 걸 놓치고 있는 것이지요.

내가 존재하는 것은 수십억 년의 진화 과정 속에 빚어진 결과로서의 나인데, 그냥 일상이 불만스럽고 화나고 누군가 미워서 어쩔 줄 모른다면, 작은 시각 속에서 순간에 머물러 있게 됩니다.

이 순간, 내가 인식하는 시각의 지평에 따라 영원을 살 수 있는가 하면, 그저 무의미한 순간으로 머물 수도 있습니다.

세 살 아이의 시각과 서른 살 어른의 시각은 다릅니다. 세 살 아이는 장난감에 집착을 하며 그걸 뺏기면 울게 되지요. 그러나 어른이 장난감 때문에 울지는 않습니다.

그처럼 넓은 세상과 우주를 보며 사유하는 존재와, 오늘의 감정이나 욕망에 매몰된 사람의 삶은 큰 차이를 갖게 됩니다.

'그렇지만 난 유명 인사도 아니잖아. 훌륭한 사람들이야 삶의 가치가 있을지 몰라도 난 그렇지 않아…….'

만일 이렇게 생각하며 자신을 초라하게 여긴다면, 그 관념의 어리석음을 깨워야 합니다.

자연 속에 어우러지는 존재들을 보세요. 깊은 산속에 핀 들꽃 하나도 자신의 아름다움을 꽃피우고 있습니다. 돌멩이 하나도 자연 속에서 잘 어우러지고 있지요. 돌멩이가 없으면 산이 존재할 수 없으며, 산이 없다면 꽃과 곤충들도 존재할 수 없습니다. 작은 돌멩이들이 모여 흙과 어우러지고 산을 이루며 온갖 생명이 살아가는 것이지요. 그러니 돌멩이 하나조차 존재의 의미가 있습니다.

나는 어떤 존재의 의미가 있을까요? 어떤 가치를 지니고 있나요?

"아니 나 하나 깨어나는 게 뭔 의미가 있을라고. 그냥 돌멩이처럼 굴러다니다 사라지는 거지."

하는 식의 생각이 드나요? '나'라고 하는 존재는 있으나 마나일까요? 그렇게 생각하는 어리석은 의식을 용납하지 마세요. 그것은 우물 안 개구리처럼 생각하는 것입니다.

때로 한 사람의 위대함이 인류의 삶을 바꾸기도 합니다. 에디슨이 전기를 발명함으로써 인류의 삶이 큰 변화를 가질 수 있었지요. 소크라테스나 공자, 노자, 세종대왕, 이순신…… 이들 한 사람 한 사람의 역할은 인류사에서 결코 적지 않습니다.

그렇다고 해서 모두가 위인이 되어야 하고 뛰어난 발명을 해야 하는 건 아니지요. 그냥 시골 외딴 곳에서 평생 농사만 짓는 노인도 훌륭한 존재입니다. 비록 그가 많이 배우지 못했을지라도 그의 삶이 가치가 있지 않습니까. 그가 생산한 곡식이 수많은 생명을 살리니까요.

우리는 '나'라는 존재 가치를 외적인 것으로만 저울질합니다. 돈이 많거나 유명하거나 권력이 높아야 사람 구실을 한다고 여깁니다. 그러면서 이런저런 불만에 싸여 살아갑니다. 그렇게 생각하면 할수록 점점 우울해지고 불행한데 말이지요. 어째서 사람들은 불행할 수 있는 생각만 잔뜩 만들어 내는지.

삶의 선택은 각자의 몫입니다. 다만 그 선택이 어리석은 관념의 소산인지 아닌지 봐야 합니다. 어린 시절에 형성된 혹은 과거 시각에 머문 케케묵은 고정관념에서 나온 것인지 살펴야 하지요.

천망회회소이불실(天網恢恢疎而不失)이라는 말이 있습니다. '하늘의 그물은 성긴 것 같아도 하나도 빠트리지 않는다.'는 의미이지요. 하늘의 섭리, 즉 우주의 법칙은 돌멩이 하나에도 적용된다는 것입니다. 나의 삶 역시 이 흐름에 함께 하고 있습니다.

우리는 죽음을 벗어날 수 없으며 늙음 또한 받아들여야 합니다. 그런데 고양이가 죽거나 재벌 회장님이 죽거나 죽음의 법칙은 똑같이 적용됩니다. 돈 많은 회장님이 열 번 죽었다 살아난다면 돈 없는 사람이 억울할 텐데 그렇지 않습니다. 자연의 섭리는 엄격하고 균일하게 적용될 뿐입니다. 참 놀랍지요.

이것은 한편으로 우리가 그만큼 소중한 존재이며 진실의 장(field)에 속해 있다는 뜻이지요. 이 우주가 진화하는 역사 속에 내가 존재한다는 의미이고, 모두의 삶이 절대적으로 중요하다는 얘기입니다.

이제 그 속삭임을 듣고자 깊이 명상에 들어야 할 때입니다.

마음을 새롭게 먹는,
마음을 리빌딩 하는,
마음의 새로운 시각을 위해,
마음이라는 세계에 다가가고자 합니다.

이제부터 새로운 시작입니다. 험난하고 치열한 삶의 현장에서 명상이 필요하며, 다가오는 수많은 파도를 헤쳐 나가기 위해 마음경영이 필요한 때입니다.

적자보다는 흑자 인생

우리는 모두 세상이라는 축제의 장에 초대되었습니다. 인생이 고해라는 말도 있으나 그것은 내가 마음을 경영하지 못할 때 하는 말입니다. 인생이 적자가 되어 실패한 사람에게 삶은 고해가 됩니다.

그런데 우주의 진화 과정을 보거나, 온갖 생명들의 모습을 보면 한바탕 축제를 즐기는 모습이기도 합니다.

인생이 축제가 아니라 고통이라 해도 어쨌거나 나는 오늘 이 순간을 살아 내야 합니다. 온전히 나의 몫으로 다가오는 현실을 '살아 내야' 하지요.

그런데 기왕이면 행복해야 하지 않을까요? 적자보다는 흑자 인생이 바람직하지 않나요? 어떤 사람들은 이렇게 말합니다.

"난 그냥 이대로 괜찮아. 그냥 큰 욕심 없이 이렇게 살아갈 거야."

"난 인생에 대해 별로 생각하고 싶지 않아. 너무 빤하니까 적당히 즐기며 살면 돼."

"난 남에게 피해 안 주고 착하게 살아갈 뿐이야. 많은 걸 원하지 않아."

아무 생각 없이 그저 착하게만 산다고 해서 인간다운 삶이라 할 수 있을까요? 좀 더 넓은 시각으로 세상을 보면 어떻습니까. 나도 모르게 어떤 놀라운 현상들이 벌어지고 있다는 것을…… 하다못해 눈에 보이지 않는 박테리아조차 진화하고 있다는 걸 아시나요?

우리가 무시할 만한 존재들까지 우주의 진화에 동참하고 있다는 건 놀라운 일입니다. 미물도 이러한데 만물의 영장인 인간으로서 더군다나 아무렇게나 살아서는 안 되겠다는 생각이 들게 됩니다.

명상은 나(인간)의 존재함을 일깨워 주며, 우주진화에 내가 속해 있음을 알려 줍니다. 인간으로서 지극히 당연한 마음의 진화, 정신의 진화를 이루기 위해 명상이 필요한 이유입니다.

명상은 우주와 나의 대면을 위한 작업이기도 합니다. 이 무한한 우주 속에서 아름다운 꽃처럼 피어나는, 한 생명으로서의 나를 보기 위함입니다.

스스로 존재 의미를 찾아가는 사람이

참으로 위대할 수 있습니다.

수록 그림

프르디난드 호들러 Ferdinand Hodler